ÉMILIE HÉBERT & AMÉLIE ROMAN

CUISINEZ ÉCO RESPONSABLE

POUR COMPRENDRE, AGIR ET SE RÉGALER !

MANGO Green

SOMMAIRE

(R) : Recette (PI) : Planche infographique

Avant-propos 6

Les 10 commandements de la cuisine éco-responsable 7

Réorganisation générale

Rangement, tri, organisation 10

Mon green kit de base pour cuisiner 12

Économiser de l'énergie 14

(PI) Économiser l'eau 16

Le ménage écolo 18

Le placard idéal du ménage naturel 20

(R) Produit vaisselle 24

(R) Pastilles lave-vaisselle 24

(R) Nettoyant naturel multi-usage 26

(R) Pierre d'argile 28

(R) Baume entretien du bois 28

La coquille d'œuf abrasive 30

Astuce anti-mites 30

Achetez éco-responsable

Faire les courses 34

(PI) Le « local », « circuit court », « direct producteur » et « bio » 38

(PI) Comprendre les gaz à effet de serre et l'impact carbone 40

Où acheter ? 44

Quand acheter ? 46

Calendrier des fruits et des légumes 48

La cueillette 50

(R) Pesto d'ortie 51

(R) Gelée de fleurs de sureau 51

Calendrier de cueillette 52

En quête de qualité 54

(PI) Choisir ses œufs 60

Le raffinage 62

Quels sucres choisir ? 63

Mon green kit – Le placard idéal 68

N'achetez plus tout préparé, faites maison ! 70

(R) Les céréales du petit déjeuner Granola maison 70

(R) Les chips – Chips de légumes 72

(R) Les dips apéro – Houmous de fèves, dip de betterave, caviar d'aubergines . . 74

(R) Les biscuits apéro – Crackers aux graines de courge et noisettes 76

(R) Les pizzas – Pizzas orientales au zaatar . . 78

(R) Les sushis – Makis de légumes à la mangue 80

(R) Les salades – Salade de betteraves multicolores, grenade et noix 82

(R) Les biscuits – Cookies au chocolat noir, flocons d'avoine et coco 84

Green drinking 86

(R) Smoothies pomme & concombre 90

(R) Smoothie belle peau 90

(R) Smoothie bonne mine 90

(R) Smoothie poire & kale 91

(R) Smoothie gourmand façon nutella 91

(R) Smoothie vert 91

Mes tisanes homemade **92**
Ⓡ Les gourmandes 93
Ⓡ Les bien-être 93

Cuisiner anti-gaspi

Que faire avec... ? 100
Des idées pour accommoder les restes ? .. 104
Bien doser, la clé de l'« anti-gaspi » 105
Recettes « anti-gaspi » 106
Des idées pour accommoder les restes ? .. 106
Ⓡ Muffins façon carrot cake 106
Ⓡ Pain perdu 107
Ⓡ Soupe de légumes 107
Ⓡ Croquettes de pâtes 107
Ⓡ Coulis de tomates 108
Ⓡ Crumble de légumes 108
Ⓡ Porridge choco-noisette 109
Ⓡ Glace minute à la banane 109
Ⓡ Gelée de pomme 109
Ⓡ Riz au lait vanillé 110
Ⓡ Crumble de fruits 110

Menus zéro déchet

PRINTEMPS
Planning du menu 114
Liste de courses 115
Ⓡ Petits déjeuners 116
Muffins épeautre-chocolat 116
Madeleines au citron sans gluten 117
Granola choco-coco 118
Porridge aux flocons d'épeautre, dattes et miel 118
Pancakes au sarrasin 119
Et si vous faisiez vos boissons végétales ? 119
Ⓡ Plats 120
Clafoutis d'endives au parmesan 120
Sushi bowl au riz complet 120
Quinoa aux pois chiches et oignons caramélisés 121
Falafels au four et salade concombre-radis 121
Galette végétarienne carotte-chèvre frais 122
Dahl de poulet aux lentilles corail 122
Gratin « comme dans les îles » 123
Tajine de boulettes de bœuf et semoule complète 123
Risotto de coquillettes complètes aux asperges 124
Morue à la sauce aïoli 124
Gratin de pâtes aux épinards 125
Wraps complets de crudités 125
Ⓡ Desserts 126
Crème libanaise à la fleur d'oranger .. 126
Esquimau menthe-citron 126
Brownie healthy 126
Ⓡ Pique-nique 128
Terrine de poulet aux herbes fraîches 128
Salade de petit-épeautre 128
Sablés aux figues de notre enfance ... 129
Citronnade 129

ÉTÉ
Planning du menu 130
Liste de courses 131
Ⓡ Petits déjeuners 132

Brioche express au cœur de chocolat 132
Porridge froid fraise-coco sans gluten 132
Faire son lait de coco maison 132
Biscuits aux pépites de chocolat 133
Smoothie pêche-banane 133
Crufiture de framboises 133
Plats 134
Salade d'aubergines et chèvre frais 134
Salade de penne semi-complètes, tomates et chorizo 134
Taboulé de boulgour aux pois chiches 135
Banh mi au poulet 135
Tarte tomates, mozzarella et basilic 136
Salade mexicaine 136
Crumble courgettes-lardons 137
Petits farcis végétariens 137
Épaule d'agneau au romarin et ratatouille au four 138
Tartare de thon et salade de tomates anciennes 138
Aubergines façon pizza 139
Soupe au pistou 139
Desserts 140
Salade de fruits 140
Glace à la fraise sans sorbetière 140
Crème au chocolat 140
Journée barbecue 142
Dip de crudités et sauce au yaourt 142
Brochettes de pommes de terre 142
Dorade grillée 143
Pêches grillées au romarin 143

AUTOMNE

Planning du menu 144
Liste de courses 145
Petits déjeuners 146
Barres de céréales moelleuses aux figues 146
Pudding de pain rassis 146
Carrot cake santé 147
Bowl cake poire-chocolat 147
Pancakes aux pommes 147
Plats 148
Salade de lentilles vertes, poire et gorgonzola 148
Croque-monsieur chèvre, figue et jambon cru, salade verte 148
Poêlée de chou rouge aux pommes et riz complet 149
Chili sin carne 149
Tartine de salsa à l'avocat et salade de chou rouge 150
Potimarron farci de Stéphanie 150
Faire sa crème de soja maison 150
Burgers healthy végétariens 151
Sauté de porc aux champignons et pâtes complètes 151
Tarte aux poireaux et velouté de carottes 152
Carpaccio de bœuf au parmesan et roquette 152
Risotto de quinoa 153
Harengs au four et pommes de terre primeur 153
Desserts 154
Riz au lait au four 154
Tarte rustique poire-chocolat 154

Ⓡ Apéritif dînatoire ... 156
Houmous de pois cassés et gressins ... 156
Cake croque-monsieur ... 156
Verrines de Butternut aux noisettes ... 157
Flan aux pommes ... 157

HIVER

Planning du menu ... 158
Liste de courses ... 159
Ⓡ Petits déjeuners ... 160
Pain d'épices maison ... 160
Gaufres aux flocons d'avoine ... 160
Gâteau poire-chocolat ... 161
Porridge pomme-cannelle ... 161
Giant cookie ... 161
Ⓡ Plats ... 162
Tortilla de patates douces ... 162
Pâtes au pesto d'hiver ... 162
Tarte au sarrasin, chèvre et miel ... 163
Omelette de pois chiches ... 163
Poulet au curry et riz complet ... 164
Petit épeautre au potimarron et à la feta ... 164
Pois cassés au chorizo ... 165
Courges Mini-Jack farcies ... 165
Maigre au four et purée de lentilles corail ... 166
One pot pasta saumon épinards ... 166
Chorba végétarienne à l'orge et aux pois cassés ... 167
Courge spaghetti en sauce tomate ... 167
Ⓡ Desserts ... 168
Yaourts maison ... 168
Mousse au chocolat ... 168
Compote pomme-poire ... 168
Ⓡ Brunch du dimanche ... 169
Œufs brouillés au four ... 169
Banana bread healthy ... 169
Cocktail de fruit PCM ... 169
Chocolat chaud maison ... 169

Conserver, recycler, trier

Stockage et conservation ... **172**
Le séchage ... **176**
La congélation ... **177**
Faites des conserves ... **178**
Ⓡ Chutney d'échalotes ... 178
Ⓡ Confiture de figues aux noix de pécan ... 180
Ⓡ Moutarde ... 180
Ⓡ Chutney de mangue ... 181
Ⓡ Ketchup bio maison ... 181
Ⓡ Coulis de tomates ... 182
Ⓡ Sauce piquante style Tabasco® ... 182
Ⓡ Pickles de légumes en saumure ... 182
Ⓡ Confiture d'abricots aux amandons ... 183
Bien trier et recycler ... **184**
PT Tri et déchets d'une cuisine éco-responsable ... 186
Le compost ... **188**

Index par thèmes ... **190**
Index par produits ... **191**
Remerciements ... **192**

AVANT-PROPOS

Cet ouvrage n'est pas un simple livre de recettes de cuisine bio. *Cuisinez éco-responsable* ne se limite pas à consommer des légumes bio ; *Cuisinez éco-responsable*, c'est bien plus que cela !

Ce livre est à lui tout seul un vrai plan d'action pour comprendre le b.a.-ba de la cuisine éco-responsable, pour agir en consommant mieux, en limitant ses déchets, le gaspillage alimentaire et son impact sur l'environnement...

Dans ce livre vous comprendrez tous les enjeux d'une alimentation et d'une cuisine durables. Vous trouverez toutes les réponses aux questions importantes. De quelle manière notre alimentation impacte-t-elle l'empreinte carbone ? Comment pouvons-nous limiter la pollution et notre consommation d'eau et d'énergie dans la cuisine ? Comment devenir un pro du zéro-déchet ? Comment bien trier, conserver plus longtemps ou mieux recycler ?

Ce livre est conçu pour vous donner les clés, les astuces et toutes les informations nécessaires pour pouvoir agir en connaissance de cause. Ne culpabilisez surtout pas et faites les choses à votre rythme, c'est le secret ! Gardez toujours à l'esprit que chaque petit geste compte pour préserver la planète.

Émilie Hébert a créé son blog www.mamzelleemie.com pour partager son style de vie green & healthy. Formée en cosmétologie et en aromathérapie, elle a fondé www.make-it-beauty.com, concept-store éthique qui sélectionne le meilleur des ingrédients green pour un quotidien non toxique.

Amélie Roman propose depuis 2015 sur son blog www.mariamadeleine.com des recettes de cuisine saines en utilisant des produits en vrac qui ne produisent pas ou peu de déchets. Adepte du « fait maison », ses menus zéro déchet s'inscrivent dans un mode de vie simple qui fait du bien au corps, à l'esprit et à la planète.

Mémo green

LES 10 COMMANDEMENTS DE LA CUISINE ÉCO-RESPONSABLE

Agir individuellement pour enrayer le réchauffement climatique vous paraît utopique ? Pourtant, savez-vous qu'en France 50 % des émissions de gaz à effet de serre (GES) sont faites par les particuliers ?

❶ **Je mange des produits de saison :** produire hors saison est polluant, c'est un fait. Pour produire il faut surchauffer des serres pour reproduire un climat printanier et estival propice à la pousse des fruits et légumes. Une tomate hivernale est dix fois plus polluante qu'une tomate estivale (référez-vous au tableau de saisonnalité des fruits et légumes p. 48-49).

❷ **Je fais mes courses à côté de chez moi :** 17 % des gaz à effet de serre sont émis par le transport.

❸ **Je me renseigne sur les modes de production :** les agriculteurs utilisent parfois des engrais azotés de synthèse ou des produits phytosanitaires dont la fabrication est fortement émettrice en GES.

❹ **Je réduis ma consommation de viande :** l'élevage est très émetteur en GES. Privilégions aussi la volaille au détriment des viandes rouges.

❺ **J'essaie de consommer plus de bio :** c'est le mode de production le plus respectueux de l'homme, des animaux et de la planète.

❻ **Je limite les produits industriels et congelés :** gourmands en énergie, ils doivent en plus être conditionnés puis maintenus à -18 °C jusqu'à leur consommation. Les gaz nécessaires à la fabrication du froid (gaz frigorigènes) ont un pouvoir de réchauffement très important.

❼ **J'évite les emballages inutiles :** les emballages polluent et, la plupart du temps, atterrissent directement dans la poubelle à leur arrivée chez nous.

❽ **Je maîtrise ma consommation d'énergie :** quelques gestes simples permettent de limiter la consommation d'énergie dans la cuisine. Privilégiez par exemple les appareils de classe A, dégivrez votre congélateur régulièrement ou placez des couvercles sur les casseroles lorsque vous cuisinez.

❾ **Je lutte contre le gaspillage :** 10 millions de tonnes de déchets alimentaires sont produits chaque année. En bref, tout déchet alimentaire a été produit pour rien et a donc pollué… pour rien !

❿ **Je recycle, je réutilise, je trie plus et mieux :** l'idée est de mieux gérer ses achats pour moins jeter et de trier mieux. En effet, un déchet non recyclé ou composté est brûlé.

RÉORGANISATION GÉNÉRALE

RANGEMENT, TRI, ORGANISATION

Le Placard Idéal

Le bon réflexe

FAITES LE VIDE

Videz tous vos placards et commencez à faire le tri : assiettes, verres, tasses, casseroles, poêles et tout ce qui s'y trouve. Mettez tout ce que vous possédez sur votre table pour que vous puissiez évaluer ce dont vous avez besoin (ou pas). Quels objets ne sont plus nécessaires ? Votre collection de gobelets en plastique McDo, la pile d'assiettes dont vous ne vous servez jamais, la friteuse que Tata Ginette vous a donnée… Boycottez le plastique quand c'est possible et focalisez-vous sur les ustensiles dont les matériaux sont sains et durables comme le verre, l'acier inoxydable, la fonte… (voir p. 13).

NE SOYEZ PAS MATÉRIALISTE

C'est plus facile à dire qu'à faire, mais certains objets sont souvent inutiles, ils coûtent cher et prennent de la place pour rien. Avez-vous besoin de trois robots culinaires (un pour le riz, un pour les gâteaux, un pour la mayonnaise…), n'est-il pas plus judicieux d'investir dans un appareil bien robuste qui fait tout et que vous pourrez garder des années ? Il est temps de vous débarrasser de ces objets et de laisser plus de place à ceux que vous utilisez vraiment. Si vous avez un doute, rangez l'objet dans le garage pendant quelques semaines et vous vous rendrez vite compte de son utilité (ou pas).

- Ne jetez pas, essayez de voir si vous ne pouvez pas vendre sur les sites de petites annonces gratuites comme Le Bon Coin ou les enchères sur eBay (si le produit a de la valeur).
- Pensez à organiser un vide-grenier.
- Donnez à quelqu'un dans le besoin, à une association ou déposez chez Emmaüs par exemple.

DE QUOI AVEZ-VOUS RÉELLEMENT BESOIN ?

Le plus dur, finalement, c'est de s'arrêter à l'essentiel. Pour cela il suffit de vous poser les bonnes questions, car l'essentiel de l'un n'est pas l'essentiel de l'autre. Et si tous les jours vous faites des gâteaux, il est normal que vous ayez besoin d'un ou deux moules à gâteaux...

Le bon réflexe

DÉFINISSEZ VOS INDISPENSABLES !

- Est-ce que je m'en sers régulièrement ?
- Est-ce qu'il marche encore ?
- Est-ce qu'il fait double emploi ?

DÉSENCOMBREZ

En désencombrant votre cuisine, vous désencombrez aussi votre esprit, gagnez un temps fou au quotidien et, par conséquent, vous limitez également les déchets (oui, le minimalisme fait partie du « zéro-déchet », à condition que les objets que vous gardiez soient robustes et durent des années). Lorsque vous achetez quelque chose, pensez à son avenir ! Résistera-t-il à l'usure, est-ce un matériau solide et sain ?

MON GREEN KIT
DE BASE POUR CUISINER

2 CASSEROLES DE TAILLES DIFFÉRENTES
(avec couvercles *) (voir p. 15)

◇

1 FAITOUT + COUVERCLE

◇

1 GRANDE POÊLE
(inutile d'avoir 6 poêles
de tailles différentes)

◇

1 SPATULE

◇

1 COUTEAU D'OFFICE
(+ un économe mais pas indispensable
si vous maniez le couteau d'une main de chef)

◇

1 PASSOIRE

◇

1 PLANCHE À DÉCOUPER

◇

1 VERRE DOSEUR
(un verre à moutarde peut éventuellement
faire l'affaire voir p. 105) et/ou
1 balance de cuisine

◇

1 ROBOT MULTIFONCTION
(pas indispensable mais tout de même
très apprécié lorsque l'on aime cuisiner)

SAY YES TO

LES BONS MATÉRIAUX POUR MES USTENSILES DE CUISINE

◈ Privilégiez les ustensiles et batteries de cuisine sans revêtement, en fonte par exemple que vous pourrez culotter vous-même. La fonte naturelle (non émaillée) est certainement l'une des matières naturelles les plus résistantes, elle combine plusieurs avantages : qualité, résistance, facilité de cuisson. Composée de fer et de carbone elle ne présente aucun danger pour la santé. Sans revêtement chimique, la poêle en fonte est naturellement antiadhésive et n'accroche pas les aliments ; on peut donc cuisiner sans matières grasses. Grâce à la nature poreuse de la fonte, une pellicule de protection se forme au fil des cuissons de sorte que la qualité de cuisson se bonifie avec le temps. De plus, elle garde la chaleur plus longtemps, ce qui permet d'économiser de l'énergie en cuisant moins longtemps et en réchauffant plus vite !

◈ Optez pour des ustensiles en acier inoxydable non toxique et durable.

◈ Privilégiez les planches à découper en bois brut (issu des forêts gérées durablement) plutôt qu'en plastique.

Ces ustensiles sont plus chers à l'achat mais vous les garderez toute la vie donc, finalement, passé l'investissement du départ, vous ferez des économies… Vous pouvez également trouver des cocottes et poêles en fonte dans les vide-greniers pour quelques pièces.

LES MATIÈRES À RISQUES

◈ **L'aluminium :** il s'oxyde au contact des aliments acides. D'un point de vue écologique, l'exploitation d'aluminium entraîne la déforestation et détruit les écosystèmes.

◈ **Le Téflon :** les colles qui fixent le Téflon au métal sont toxiques pour l'homme.

◈ **Le cuivre** : il est toxique lorsqu'il s'oxyde.

ÉCONOMISER DE L'ÉNERGIE

En cuisine, la consommation d'énergie est une vraie question de fond. Entre le four, le réfrigérateur, les robots, la consommation d'eau... voici quelques astuces écologiques pour dépenser moins. La consommation d'une plaque de cuisson représente environ 10 % d'une facture d'électricité ou de gaz. Plus une plaque de cuisson chauffe vite, moins elle consomme. À ce titre les plaques à induction sont à privilégier pour la cuisine de tous les jours.

3 astuces pour diminuer la consommation d'énergie.

• Décongelez les aliments avant de les faire cuire en les faisant décongeler au réfrigérateur.

• Éteignez la plaque de cuisson avant la fin de la cuisson (vitrocéramique ou électrique), car celle-ci continue de chauffer pendant environ 10 minutes.

• Faites cuire les aliments avec un couvercle car cela permet de réduire le temps de cuisson.

IDENTIFIEZ LES CLASSES ÉCOLOGIQUES DE VOTRE ÉLECTROMÉNAGER

Un vieil appareil électroménager peut consommer jusqu'à 6 fois plus qu'un neuf. Il est important alors, si vous devez/souhaitez investir dans un nouvel appareil électroménager, de regarder plusieurs critères tels que la robustesse, les matériaux utilisés et évidemment la classe écologique de l'appareil. Entre un appareil classe A et un autre de classe D, il peut y avoir un écart de consommation de 45 € à 100 € par an (multiplié par le nombre d'appareils en votre possession, cela fait vite grimper la facture !) (Source *ademe*).

SAY YES TO

LA PRISE PROGRAMMABLE

Si vos équipements ne sont pas équipés de programmateur, il suffit d'investir dans une prise programmable (une dizaine d'euros) que vous branchez directement à n'importe quel appareil pour pouvoir le lancer pendant la nuit.

METTEZ DES COUVERCLES

Pour économiser de l'énergie, pensez aux couvercles lorsque vous investissez dans des casseroles ! On n'y pense pas toujours mais c'est une astuce pratique qui permet de faire de véritables économies d'énergie non négligeables (et de gagner du temps puisque la cuisson est plus rapide !). En effet, la température monte plus vite si vous utilisez des couvercles. Si vous n'avez pas de couvercle, vous pouvez retourner une assiette sur votre casserole lorsque vous faites cuire vos aliments ou bouillir de l'eau. L'économie réalisée est de 30 % pour des aliments cuits à l'étouffée (comme dans une Cocotte-Minute® par exemple) et jusqu'à 70 % pour les liquides (faire bouillir de l'eau pour cuire des pâtes par exemple) (Source *ademe*).

NE LAISSEZ PAS D'APPAREILS EN VEILLE

Sur certains appareils, la consommation en veille représente une quantité d'énergie plus importante que lorsque l'appareil est en marche. Par exemple, un téléviseur qui consomme 70 W en marche et 4 W en veille consommera 0,07 kWh/jour avec 1 h de fonctionnement et 0,09 kWh/jour pour 23 h de veille, soit près de 30 % de plus ! En supprimant la période de veille, on économise ici plus de 50 % des consommations annuelles du téléviseur !

PROGRAMMEZ LES APPAREILS EN HEURES CREUSES

La bonne astuce pour économiser est de lancer vos appareils en heures creuses comme la pyrolyse du four ou le lave-vaisselle par exemple. Pensez également à faire fonctionner votre chauffe-eau pendant les heures creuses.
Vous pourrez ainsi profiter d'une économie de 40 % sur le prix du kWh. Cela se fera automatiquement si votre chauffe-eau a été au préalable relié à un relais contacteur heures creuses.

ÉCONOMISER L'EAU

MÊME SI POUR L'OBTENIR IL SUFFIT D'OUVRIR LE ROBINET DE NOS MAISONS, L'EAU POTABLE EST UNE RESSOURCE QUI SE RARÉFIE ET QU'IL EST INDISPENSABLE DE PRÉSERVER. ALORS VOICI QUELQUES ASTUCES TOUTES BÊTES POUR ÉCONOMISER L'EAU À LA MAISON !

MISEZ SUR LE LAVE-VAISSELLE

Le lave-vaisselle consomme entre 7 et 12 litres d'eau, tandis que faire la vaisselle à la main consomme environ 50 litres d'eau

JE LAVE MES LÉGUMES

au dessus d'une bassine afin de réutiliser l'eau (pour l'arrosage des plantes par exemple)

SI J'AI UN LAVE-VAISSELLE

je le remplie entièrement pour le lancer (ou j'utilise les touches « Demi-charge » ou « Éco » si mon lave-vaisselle en est équipé)

SI JE FAIS LA VAISSELLE À LA MAIN

j'évite de laisser couler l'eau. L'idéal est de remplir deux bassines (l'une pour laver, l'autre pour rincer)

RÉGULATEUR

J'équipe mon mitigeur d'un mousseur régulateur de débit, qui réduit de manière substantielle la consommation d'eau sans compromettre la puissance du jet. Il permet réduire jusqu'a 60 % de votre consommation d'eau.

JE RÉUTILISE L'EAU DE CUISSON

Une fois refroidie, elle peut servir à arroser les plantes. L'eau du riz peut servir en cosmétique. Riche en amidon et en minéraux, elle sera une parfaite eau de rinçage après votre shampooing habituel, l'eau de riz est connue pour lisser et démêler les cheveux.

Coût par an
pour une famille
de 4 personnes

6 €

IMPACT ÉCOLOGIQUE

Décantation, Filtration,
désinfection au chlore
0,1 mg pour 1000 L

0

Zéro déchet

POLLUTION DES BOUTEILLES EN PLASTIQUES

Coût par an
pour une famille
de 4 personnes

204 €
(eau de source)
438 €
(eau minérale)

IMPACT ÉCOLOGIQUE

Fabrication
des bouteilles
+ transport

974

bouteilles par an
(30 kg de plastique
+ film des emballages)

LE MÉNAGE ÉCOLO

Avant toute réorganisation, il est indispensable de nettoyer les placards de fond en comble. Enlevez les miettes, les tâches, la poussière, vous éviterez ainsi toute infestation d'insectes et vos objets seront plus propres. Pour repartir sur de bonnes bases, optez pour des nettoyants ménagers sains et écologiques, et bannissez les produits toxiques (voir p. 31).

Top 8 des avantages des produits d'entretien naturels & faits maison

1 FACILES
La plupart des recettes sont de simples mélanges à la portée de tout le monde.

2 MULTI-USAGES
Ils permettent de récurer, détartrer, désinfecter, détacher et désodoriser le moindre centimètre carré de votre maison.

3 PRATIQUES
La plupart des ingrédients que je vous propose pour nettoyer votre maison sont déjà présents dans votre cuisine et/ou se trouvent très facilement dans le commerce.

4 ÉCONOMIQUES
La plupart des ingrédients pour un « ménage au naturel » sont bon marché !

5 NON TOXIQUES
Pas de produits toxiques ou nocifs pour l'homme ou l'environnement. Ils sont en plus biodégradables.

6 MOINS D'EMBALLAGES
Faire ses produits maison, c'est également moins d'emballages puisque vous réutilisez ceux que vous avez et que vous ne jetez plus les bouteilles en plastique.

7 ZÉRO DÉCHET
La plupart des ingrédients de nettoyage pour la maison ne génèrent pas de déchets. Ils sont « compostables » (citron), s'achètent en vrac (bicarbonate, vinaigre blanc), et se recyclent (flacons en verre d'huile essentielle).

8 PERSONNALISABLES
Vous pouvez varier les plaisirs en optant pour des huiles essentielles de lavande, pamplemousse, citron, eucalyptus…

REPÉREZ LES LABELS VERTS

En matière de produits ménagers, il existe des labels officiels, privés ou collectifs.

Ecocert

Le label Ecocert est le plus courant, il offre les garanties suivantes :

- pas de produits issus de la pétrochimie
- recours aux ingrédients issus de l'agriculture biologique
- procédés de transformation les moins nocifs possible pour l'environnement
- recours limité aux ingrédients de synthèse
- incitation à réduire les déchets inutiles
- incitation à l'usage d'écorecharges
- interdiction d'utilisation de plastiques non recyclables

Nature & Progrès

Nature & Progrès est une association créée par des producteurs et des consommateurs pour toutes catégories de produits bio ou écologiques.
C'est l'un des organismes certificateurs les plus exigeants, de plus cette association a une démarche globale prenant en compte l'engagement durable de l'entreprise.

L'Ecolabel européen

L'Ecolabel européen garantit des produits partiellement biodégradables, ayant le minimum d'incidence néfaste sur le milieu aquatique et une efficacité équivalente à celle des produits traditionnels.
Sur le papier, il garantit des produits exempts de substances dangereuses, mais autorise le chlore, la soude, l'ammoniaque et les parfums de synthèse qui sont potentiellement nocifs…

NF Environnement

NF Environnement est l'équivalent français de l'Ecolabel européen. C'est une marque volontaire créée en 1991 et délivrée par l'AFNOR (Association française de normalisation) sur demande de l'industrie. Ce label garantit à peu près l'équivalent de l'Ecolabel européen.

LE PLACARD IDÉAL DU MÉNAGE NATUREL

Fabriquer ses Produits d'Entretien

Le bicarbonate de sodium

Propriétés : anticalcaire, abrasif doux.
Utilisations : blanchit et désodorise le linge, nettoie les métaux, récure les lavabos et les éviers, ravive les meubles, neutralise les odeurs. Ne pas utiliser sur l'aluminium, la laine et la soie.
Coût : 6 € le baril en kraft de 1 kg La Droguerie écologique®. Choisissez-le extra-fin, ainsi il vous servira aussi bien dans la cuisine (pour faire « lever » un gâteau), que dans vos produits cosmétiques. Disponible en vrac dans certains magasins.

Le vinaigre d'alcool blanc/vinaigre « cristal »

Propriétés : antiseptique, désinfectant, antifongique, désodorisant, dégraissant.
Utilisations : conserve, détartre, dégraisse, désodorise… Ne pas utiliser de vinaigre sur du marbre ou toute autre surface poreuse ou calcaire.
Coût : environ 1 € la bouteille de 1 litre. Disponible également en vrac dans certains magasins.

Les cristaux de soude

Propriétés : fongicide, détachant, désinfectant.
Utilisations : dégraissent fortement, décrassent, détachent, adoucissent l'eau, désinfectent. Toujours utiliser dilués. Très agressifs pour la peau (enfilez des gants). Ne pas mettre en contact avec l'aluminium.
Coût : 1 € le kilo (en baril en carton).

Le savon noir

Propriétés : dégraissant, détachant.
Utilisations : dégraisse les fours et les hottes, nettoie les vitres, décape la peinture à l'huile et détache les textiles avant lavage. Remplace les produits de nettoyage pour le sol…
Coût : de 5 à 10 € le litre (vendu en pot, en pâte ou liquide).

La base lavante neutre

C'est une base moussante fabriquée à partir de tensioactifs. Choisissez des tensioactifs sans sulfates, de préférence dérivés du sucre comme le Lauryl Glucoside ou le Coco Glucoside. Vous pouvez l'acheter toute prête en bidon ou la fabriquer vous-même. Dans vos préparations pour produits ménagers, vous pouvez également la remplacer par du savon de Marseille liquide.
Coût : entre 12 et 15 € le litre.

Le savon de Marseille

Propriétés : nettoyant, antiseptique, dégraissant.
Utilisations : efficace pour le lavage du linge. Remplace la lessive industrielle.
Coût : 4 à 5 € le cube de 500 g ou 7 € le sachet de 1 kg en paillettes.

Le percarbonate de sodium

Propriétés : détache, blanchit les textiles.
Utilisations : remplace les activateurs de blancheur pour le linge.
À mettre directement dans le tambour de la machine à laver.
Coût : 5 € les 500 g.

L'huile de lin

Propriétés : antistatique, nourrissant, protecteur pour le bois.
Utilisations : à l'intérieur comme à l'extérieur contre l'humidité, les champignons et les insectes. Protège de la poussière (antistatique).
Coût : 8 € le litre.

Les huiles essentielles

Citron : antiseptique, antibactérien, antiviral. Bonne odeur de propre.
Arbre à thé *(tea tree)* **:** antibactérien, fongicide, parasiticide, antiviral.
Lavande aspic : antiseptique, bactéricide, antivirale, fongicide, antimite. Bonne odeur de propre.

Les chiffons microfibre

Alternative parfaite au papier absorbant jetable, ces chiffons permettent d'effectuer le ménage en réduisant l'apport en eau et en produits d'entretien. Ils captent la poussière et autres saletés comme un aimant.
Coût : entre 3 et 10 € le chiffon (selon le tissage).

HUILE DE LIN
HUILE D'OLIVE
CIRE D'ABEILLE JAUNE
CIRE D'ABEILLE BLANCHE

BICARBONATE DE SODIUM
CRISTAUX DE SOUDE
ACIDE CITRIQUE
SAVON NOIR
VINAIGRE D'ALCOOL BLANC
SAVON DE MARSEILLE
BASE LAVANTE NEUTRE

PRODUIT VAISSELLE

Ingrédients pour 500 ml
1 cuillerée à café de bicarbonate de soude
1 cuillerée à café de cristaux de soude
200 ml de base lavante neutre
25 gouttes d'huile essentielle de citron

1. Versez tous les ingrédients dans l'ordre dans votre flacon.
2. Ajoutez de l'eau jusqu'en haut du flacon puis secouez doucement.

PASTILLES LAVE-VAISSELLE

Ingrédients pour une vingtaine de pastilles
200 g de cristaux de soude
200 g de bicarbonate de soude
35 g de percarbonate
30 g de SCI (Sodium Cocoyl Isethionate)
30 g d'acide citrique
10 ml d'huile essentielle de citron
Vaporisateur d'eau (l'eau du robinet convient)

Instructions
1. Enfilez une paire de gants ménagers. Dans un saladier, mélangez toutes les poudres sauf l'acide citrique. Ajoutez l'huile essentielle et mélangez avec les mains.
2. Vaporisez d'eau petit à petit tout en mélangeant jusqu'à obtenir une texture de sable humide qui colle entre les doigts, sans que ce soit détrempé pour autant, car cela risquerait de mettre en route le processus d'effervescence.
3. Ajoutez l'acide citrique, mélangez correctement puis versez la préparation dans un bac à glaçons pour former les pastilles. Tassez fort la préparation, démoulez puis laissez sécher les pastilles une demi-journée sur un linge propre. Conservez dans un bocal hermétique.

ASTUCE
Pour un lavage plus efficace, n'oubliez pas d'ajouter du vinaigre d'alcool à l'emplacement du liquide de rinçage de votre lave-vaisselle ainsi que des sels régénérants ou du bicarbonate de sodium à l'endroit prévu à cet effet.

NETTOYANT NATUREL MULTI-USAGE

C'est le produit dont je me sers le plus souvent à la maison. Je le vaporise aussi bien dans ma cuisine que dans la salle de bains, aussi bien dans ma chambre que dans celle des enfants, sur les meubles, les jouets, les vitres, le plan de travail de la cuisine... C'est le produit à tout faire, qui nettoie, désinfecte et parfume pour un prix défiant toute concurrence !

Ingrédients pour 1 flacon vaporisateur de 250 ml

1 cuillerée à café de bicarbonate de soude
150 ml d'eau (de source ou eau du robinet préalablement bouillie)
75 ml de vinaigre blanc
30 gouttes d'huile essentielle de citron

Instructions

1. Versez les ingrédients dans l'ordre. Ajoutez le vinaigre très doucement car il va réagir avec le bicarbonate de soude. Trop vite, il jaillirait comme un volcan !
2. Ajoutez l'huile essentielle, fermez hermétiquement puis secouez avant chaque utilisation.
3. Utilisez dans toute la maison avec un chiffon microfibre.

ASTUCE

Vous pouvez aussi préparer un nettoyant multi-usage en ajoutant 2 cuillerées à soupe de base lavante liquide (ou de savon de Marseille liquide) au produit. Vous appliquerez ce nettoyant avec une éponge, sans oublier de rincer. Ce produit me sert pour nettoyer la table après le repas, par exemple.

PIERRE D'ARGILE

La pierre d'argile, vous connaissez ? C'est un nettoyant naturel multi-surface et surtout écologique ! Ce produit permet de remplacer un grand nombre de produits ménagers. La pierre d'argile enlève toutes les saletés et les graisses cuites, elle est efficace contre les traces d'eau et le tartre, elle nettoie les métaux et ne raye pas les surfaces vitrées. On l'appelle aussi « pierre d'argent ».

Ingrédients pour 1 pot de 350 ml

100 ml de base lavante liquide (ou 1 cuillerée à soupe de savon de Marseille en paillettes fondu dans 100 ml d'eau)
200 g d'argile blanche en poudre
2 cuillerées à soupe de bicarbonate de soude
50 gouttes d'huile essentielle de citron bio
20 gouttes d'huile essentielle de romarin à verbénone bio

Matériel

Un bol
Une spatule
Un pot de 350 ml à ouverture large

Mélangez tous les ingrédients et versez dans un pot à ouverture large puis laissez sécher une semaine sans couvercle jusqu'à ce que la pâte soit dure.

Conseil d'utilisation

Utilisez la pierre d'argile avec une éponge mouillée, pour récurer évier, baignoire, plaque vitrocéramique, cuisinière... Rincez à l'eau claire.

ASTUCE
Vous pouvez également réaliser cette recette en remplaçant l'argile blanche par du carbonate de calcium (blanc de Meudon).

BAUME ENTRETIEN DU BOIS

Pour raviver le bois, traiter naturellement les ustensiles en bois brut, les cuillères en bois, planches à découper, plan de travail...

Ingrédients pour un pot de 150 g

30 g de cire d'abeille brute
100 g d'huile de noix de coco bio

Faites fondre le tout au bain-marie, une fois la cire totalement fondue, mélangez bien et coulez dans un pot en verre préalablement nettoyé à l'alcool.
Le pot se garde environ un an dans un endroit frais (dans le placard sous l'évier par exemple). Vous pouvez, si vous le souhaitez, ajouter quelques gouttes de vitamine E naturelle, mais ce n'est pas obligatoire car l'huile de coco a un potentiel oxydatif peu élevé et est naturellement antibactérienne.

récup'

LA COQUILLE D'ŒUF ABRASIVE

Saviez-vous que la coquille d'œuf est dégraissante, blanchissante et abrasive mais ne raye pas ? Il suffit de mixer pendant quelques secondes vos coquilles d'œufs (sèches) et de les conserver dans un bocal en verre. Cette poudre se conserve indéfiniment. Elle permet de gratter vos poêles, cocottes, casseroles sans rayer leur surface. Vous pouvez également gratter vos plaques de cuisson… La poudre d'œuf mélangée à quelques gouttes de produit vaisselle naturel remplace à merveille les crèmes à récurer que l'on trouve dans le commerce conventionnel.

ASTUCE ANTI-MITES

Si votre cuisine est ancienne ou que vous êtes régulièrement envahi par les mites alimentaires, nettoyez vos placards en ajoutant deux ou trois gouttes d'huile essentielle de lavande vraie sur votre éponge. En effet, la nourriture en général (et particulièrement les aliments issus de l'agriculture biologique) attire les mites car ils ne sont jamais traités aux insecticides. Les mites se développent à la chaleur, donc à partir du mois d'avril-mai (le nettoyage de printemps arrive à point nommé). Vous pouvez également placer une feuille de laurier fraîche dans chaque bocal ou disposer de l'ail dans votre garde-manger, il sera votre bouclier anti-mites !

SAY NO TO

BANNISSEZ LES PRODUITS MÉNAGERS TOXIQUES

Bon nombre de produits ménagers contiennent des substances allergisantes, irritantes voire toxiques pour l'homme. De plus, ces substances polluent notre environnement et la planète. Avec les produits du « placard idéal », vous pourrez réaliser toutes sortes de produits ménagers et ainsi nettoyer votre maison de fond en comble sans risques pour votre santé. Bannissez particulièrement les produits ménagers réputés comme étant toxiques pour l'homme et la planète tels que :

- La Javel
- Les bombes désodorisantes
- Les produits décapants
- Les nettoyants de sols
- Les désinfectants et les antibactériens
- Les lingettes (outre leurs compositions douteuses, elles sont aussi polluantes)

TROP CHIMIQUES POUR ÊTRE HONNÊTES, BOYCOTTEZ-LES !

Azurants optiques : allergènes, faible biodégrabilité, susceptibles d'être cancérigènes
Enzymes : détruisent les taches mais la plupart du temps d'origine OGM
Phosphates et phosphorantes : polluants, faible biodégradabilité
Séquestrants (EDTA) : très polluants
Solvants : irritants pour les voies respiratoires
Tensioactifs d'origine pétrochimique : irritants, alertants, très peu biodégradables et polluants pour la vie aquatique

- L'essuie-tout jetable
- Les lingettes nettoyantes jetables (imbibées de produits toxiques)
- Les parfums synthétiques
- Les phosphates (dans les produits pour lave-vaisselle notamment)
- Les éthers de glycol (éthylène glycol) sont des solvants reconnus comme reprotoxiques (ils altèrent la fertilité ou ont des effets délétères sur le développement)
- L'ammoniac, très irritant pour les voies respiratoires
- Le formaldéhyde (dans les produits vaisselle, désinfectants, lingettes, insecticides)
- Les parfums de synthèse (allergènes)
- Les agents désinfectants et antibactériens, qui favorisent l'apparition de souches résistantes et pourraient avoir d'autres effets délétères sur la santé
- Les isothiazolinones (notamment le méthylisothiazolinone ou MIT), conservateur connu pour être très irritant et favorisant les eczémas
- Le benzène, cancérigène, souvent présent dans les assainisseurs d'air

ACHETER ÉCO-RESPONSABLE

FAIRE LES COURSES

acheter MIEUX

Le bon réflexe

COMMENT FAIRE DES COURSES ÉCO-RESPONSABLES ?

Faire des courses de façon responsable est un vrai casse-tête ! Il faut être bien conscient que lorsque vous achetez un produit vous encouragez sa production. Par conséquent, plus vous achetez un produit, plus il sera fabriqué par la suite. ACHETER, c'est VOTER.

Par exemple, en achetant des produits bio vous montrez que vous êtes d'accord avec le bio et encouragez sa production. En refusant par contre d'acheter des plats préparés, vous participez à la baisse de production de ce type de produits.

Lorsque vous faites les courses, l'air de rien, vous participez à un mode de production.

- Si vous faites vos courses dans un supermarché vous payez le coût des transports et des intermédiaires, le stockage des produits et environ 30 % du prix de vente seulement revient au producteur.
- Si vous faites vos courses dans un magasin bio, environ 70 % du prix de vente revient au producteur.
- Si vous faites vos courses dans une AMAP, environ 80 à 85 % du prix de vente revient au producteur
- Si vous faites vos courses dans une ferme, 100 % du prix de vente revient au producteur !

PRÉPAREZ VOS COURSES

Vérifiez le contenu de votre réfrigérateur et des placards avant de partir, en imaginant les menus des prochains jours (voir « menus zéro déchet » p. 113) et en cherchant des idées. Vous pouvez également accrocher une ardoise ou un bloc dans votre cuisine et y noter les produits une fois qu'ils sont terminés pour gagner du temps. C'est l'idéal pour éviter de trop acheter ou de faire des doublons ayant pour conséquence le gaspillage alimentaire.

FAITES VOS COURSES AU BON ENDROIT

Repérez les magasins qui vous conviennent : assez grands pour tout trouver mais pas trop grands pour ne pas perdre trop de temps.
Étudiez votre itinéraire : si vous devez vous arrêter dans plusieurs endroits pour faire vos courses, essayez d'éviter les kilomètres superflus (cela fait grimper votre empreinte carbone !).

PENSEZ À LA LIVRAISON

De nombreux magasins bio proposent la livraison à domicile gratuite à partir d'un certain montant. Cela peut être une excellente solution pour gagner du temps et faire baisser votre empreinte carbone. Les magasins font leur tournée pour des dizaines de personnes en même temps.

FAITES VOS COURSES À VÉLO

Ce n'est pas faisable pour tout le monde, mais si votre environnement le permet, pensez à aller faire vos courses à pied ou à vélo, c'est la solution la plus green !

SAY YES TO

PENSEZ AU VRAC

Économique et écoresponsable, le vrac vous permet d'acheter des produits alimentaires dans la quantité de votre choix et sans emballages inutiles. Si par souci d'hygiène la vente en vrac a longtemps été réservée à l'alimentation « sèche » comme les pâtes, le riz, les fruits secs ou les bonbons, elle s'étend aujourd'hui à bien d'autres produits de consommation comme le café, les épices, les condiments, les produits d'entretien, les huiles végétales...

Le saviez-vous ?

Un produit vendu en vrac serait 5 à 50 % moins cher que s'il était emballé ! Ce type de distribution, outre le mérite de diminuer les déchets des consommateurs en supprimant les emballages, constitue aussi une véritable solution pour réduire le gaspillage alimentaire qui concerne plus de la moitié des produits alimentaires sur la planète.

SAY NO TO

ÉVITEZ LES PRODUITS SUREMBALLÉS ET LES EMBALLAGES INDIVIDUELS

Lorsque c'est possible, il est préférable d'éviter les produits emballés (et suremballés) et de privilégier le vrac ou les grands formats qui produisent moins de déchets. Seuls 30 % des déchets sont réellement recyclés et valorisés en France.

Le saviez-vous ?

Chaque Français produit 590 kg de déchets ménagers par an. Les emballages représentent une part considérable des déchets. De prime abord, les emballages individuels peuvent sembler plus pratiques, mais il faut plus de papier, de carton, de plastique, de polystyrène pour les fabriquer et, bien souvent, ils ne sont ni biodégradables ni recyclables. S'il n'existe pas de possibilités de valorisation ou de traitement de ces déchets, ils seront donc incinérés ou mis en décharge.

SAY NO TO

REFUSEZ LES SACS EN PLASTIQUE !

On ne se doute pas de ce qui se cache derrière ce geste anodin !

- 50 000 000 de sacs en plastique sont fabriqués chaque année
- 5 774 kWh d'électricité et 180 litres de pétrole par tonne de sacs en plastique fabriqués
- Seulement 1 % des sacs en plastique sont recyclés
- 300 ans pour disparaître
- 24 000 tonnes de sacs en plastique se retrouvent dans nos océans chaque année
- 100 000 mammifères marins et 1 million d'oiseaux meurent chaque année en les avalant… (source : *www.weeact.com*)

CONSOMMEZ LOCAL ET DEVENEZ LOCAVORE

La règle est simple : consommer des aliments qui ont parcouru moins de 150 km pour atterrir dans votre assiette. Cela semble assez utopique, pourtant en consommant ainsi vous contribuez à :

- **moins de pollution**, tant en termes de production de CO_2 que de polluants conservateurs divers
- **relancer et stimuler l'économie locale** (peut-être même en créant des emplois)
- **renouer avec les produits de saison :** même si vous ne faites pas l'impasse sur le café ou les bananes, si possible, tentez de consommer local

POURQUOI FAVORISER LES CIRCUITS COURTS ?

Un circuit court est un circuit de distribution n'impliquant pas ou peu d'intermédiaires. Le fermier est rémunéré à sa juste valeur. Vous mangez des fruits et légumes de saison. Vous avez une meilleure traçabilité et connaissez donc l'origine du produit, les traitements subis, etc. les fruits et légumes n'auront a priori pas traversé le monde ni même la France avant d'atterrir dans votre assiette.

Quelques éléments à prendre en compte lorsque vous faites les courses

- Privilégiez le verre (recyclable à l'infini).
- Achetez en vrac pour éviter les emballages et suremballages.
- Récupérez les sachets en kraft pour vous resservir en vrac ou optez pour des sacs à vrac en coton réutilisable (et lavable).
- Évitez les emballages individuels.
- Si vous souhaitez acheter des produits en « gros », préférez ce type d'offre sur les produits non périssables et faites attention aux « fausses bonnes promo ». Préférez acheter un gros bidon plutôt qu'un lot de 6 bouteilles de lessive, par exemple.

CALCULEZ VOTRE EMPREINTE ALIMENTAIRE

Le WWF a lancé son calculateur d'empreinte alimentaire. Cet outil interactif, dans la lignée de l'empreinte écologique, permet à chacun d'évaluer les impacts de ce qu'il mange sur la planète et de savoir dans quel domaine il peut s'améliorer. En visitant ce lien : *https://www.wwf.ch/fr/vie-durable/calculateur-d-empreinte-ecologique/* vous pourrez avoir une idée du poids de CO^2 émis avec vos habitudes alimentaires.

LES ACHATS COLLABORATIFS

Pensez aux achats collaboratifs qui vous permettent de consommer local à moindres frais et de faire vivre les agriculteurs avec un salaire décent.
Il existe différents réseaux qui mettent en relation les producteurs directement avec le consommateur. Vous pourrez y commander ponctuellement vos produits (légumes, viandes, fromages, œufs…) ou opter pour un système d'abonnement annuel (panier hebdomadaire) selon le réseau.

LE « LOCAL », « CIRCUIT COURT », « DIRECT PRODUCTEUR » ET « BIO »

LES MOTS « BIO », « LOCAL », « CIRCUIT COURT », « DIRECT PRODUCTEUR » ONT DES DÉFINITIONS QUI PARAISSENT PROCHES, MAIS ILS DÉSIGNENT BEL ET BIEN 4 NOTIONS DIFFÉRENTES.

LOCAL

Le terme « local » porte uniquement sur l'origine du produit. Il implique que le produit a été produit dans une zone géographique proche, en général moins de 150 km.

CIRCUIT COURT

Le terme « circuit court » porte quant à lui sur la chaîne de distribution et notamment sur le nombre d'intermédiaires : un circuit court compte donc au maximum 1 intermédiaire.

DIRECT PRODUCTEUR

S'il n'y a aucun intermédiaire, on parle de « direct producteur ». Il est tout à fait possible d'acheter un produit en « circuit court » qui provient de l'autre bout du monde. À l'inverse, il est également possible d'acheter un produit « local » bien qu'il soit passé entre les mains d'un négociant, d'un grossiste et d'un revendeur...

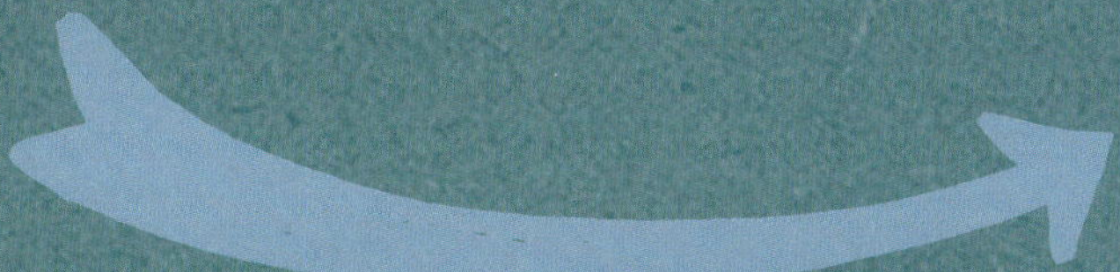

BIO

Quant aux produits bio, on parle ici d'un mode de production et de transformation respectueux de l'environnement. Les aliments bio sont produits à partir d'ingrédients cultivés sans produits chimiques de synthèse et sans OGM. Un produit « bio » peut cependant venir de l'autre bout du monde, ou être local comme il peut être « direct producteur » lorsqu'il est acheté au marché ou à la ferme.

COMPRENDRE LES GAZ À EFFET DE SERRE ET L'IMPACT CARBONE

L'EMPREINTE CARBONE EST UN INDICATEUR ET UN MODE D'ÉVALUATION ENVIRONNEMENTALE QUI COMPTABILISE LA PRESSION EXERCÉE PAR LES HOMMES ENVERS LES RESSOURCES NATURELLES.

5 % s'échappent
vers l'espace

Énergie
solaire

Les gaz à effet de serre (GES) sont des gaz présents dans l'atmosphère qui absorbent les infrarouges émis par la surface de la terre.
Sous l'effet des gaz à effet de serre, l'atmosphère se comporte comme une vitre, laissant pénétrer une grosse partie du rayonnement solaire mais retenant le rayonnement infrarouge, ce qui emprisonne l'énergie thermique et provoque le réchauffement climatique.
Il existe des gaz « naturels » à effet de serre (vapeur d'eau, gaz carbonique…) et des gaz « industriels », présents dans l'atmosphère à cause de l'homme et provoqués par des causes multiples : combustions, industries, déforestation, élevage de ruminants, aérosols, décharges d'ordures…

Chaque ménage exerce quotidiennement des pressions sur l'environnement qui ne font que croître au fil des ans.
C'est le constat que dresse le Commissariat général au développement durable dans une étude intitulée « Ménages & Environnement ». En effet, sur une période de 10 ans, la composante CO^2 de l'empreinte carbone a augmenté d'environ 13 %. Cette croissance de l'empreinte carbone incombe notamment à l'augmentation des émissions de CO^2 associées aux importations. Chaque année, l'humanité consomme l'équivalent d'une planète et demie pour subvenir à ses besoins.

EMPREINTE CARBONE

Développé par le WWF, vous pouvez évaluer votre propre empreinte carbone et ainsi voir ce que vous pouvez mettre en place pour la réduire. Ce calcul est basé sur la surface nécessaire pour produire les ressources utilisées par une population et absorber les déchets qu'elle a générés, à partir de 6 critères :

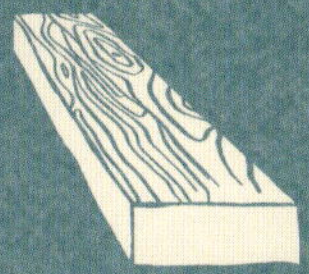

La surface forestière nécessaire pour produire le bois qu'elle utilise

La surface de pâture nécessaire pour fournir les produits d'origine animale qu'elle consomme

La surface de terre cultivée pour récolter toutes les denrées qu'elle consomme

La surface au sol nécessaire au logement et aux infrastructures qu'elle utilise

La surface maritime nécessaire pour générer les poissons et les fruits de mer qu'elle consomme

La surface forestière nécessaire pour absorber les émissions de CO^2 produites par l'énergie qu'elle consomme

Une alimentation conventionnelle riche en viande, en poisson et en lait a un impact carbone très fort pour de multiples raisons. Cela n'a rien d'étonnant quand on sait que, d'après la FAO (Organisation des Nations unies pour l'alimentation et l'agriculture), 7 à 10 kilocalories végétales sont nécessaires pour produire une kilocalorie animale. Une alimentation à dominante végétale participerait donc à protéger notre planète.

En tant que consommateurs, nous sommes soumis à des choix dans notre alimentation. Bien que la société et les supermarchés nous proposent de consommer aveuglément, il est parfois nécessaire de comprendre l'impact de nos choix.

QUELS ALIMENTS CHOISIR

Une étude publiée en octobre 2016 dans le *Journal of Cleaner Production* a dressé un classement des aliments qui ont la plus grosse empreinte carbone, en tenant compte de l'émission de gaz à effet de serre des aliments, mais aussi coût machine, carburant, transport... Quels sont les plus mauvais élèves ? La viande bien sûr, mais aussi les poissons !

L'agneau et le bœuf en ce qui concerne les viandes

Le homard, la sole, le turbot, l'espadon, la lotte en ce qui concerne les poissons

Le beurre, le fromage et la crème ne sont pas en reste non plus.

LA SOLUTION

Diminuer les portions, consommer davantage de fruits, légumes, légumineuses, graines et fruits secs.

Aujourd'hui, dans les supermarchés on trouve tous les fruits et légumes que l'on veut, quelle que soit la saison. Soit on produit localement sous serres ou on importe de pays adaptés à la production en pleine terre. Dans les deux cas, l'énergie nécessaire est beaucoup plus importante qu'une production nationale en pleine saison. Il faut donc réapprendre la saisonnalité ! Acheter des produits en respectant leur période de production est donc essentielle (voir tableau p. 48-49).

Des études ont montré que l'agriculture biologique est moins coûteuse en énergie que l'agriculture conventionnelle. L'émission de gaz à effet de serre par personne et par an est donc en faveur des produits étiquetés biologiques, quel que soit le régime alimentaire étudié.

Le consommateur n'est pas dénué de responsabilités, même sans le savoir : c'est parfois lui qui consomme le plus de gaz à effet de serre dans le circuit de distribution en parcourant un long trajet pour faire ses courses en hypermarché.

Mais le mode de production n'est pas le seul paramètre à prendre en compte : le lieu de production est aussi essentiel !

On pense souvent que les produits cultivés localement sont meilleurs pour l'environnement. C'est confondre « local » et « durable ». Les « circuits courts » où il y a peu d'intermédiaires entre les producteurs et les consommateurs sont souvent moins organisés que les « circuits longs » où les intermédiaires sont nombreux (transport, stockage, transformation, centre commercial...). Les fruits et les légumes transportés en camionnette par petites quantités sur de petites distances, sont souvent plus coûteux en énergie que ceux livrés par des distributeurs d'hypermarché par tonnes. Les produits locaux ne sont donc pas forcément moins coûteux en énergie que les produits issus de l'importation.

D'après le ministère de l'écologie, les émissions liées aux importations représentent la moitié de l'empreinte carbone de la consommation en France. Mais soyez vigilant, qui dit bio ne signifie pas local, les produits bio sont massivement importés de pays européens mais également de pays plus lointains (et de plus en plus avec le développement du bio *low cost*) ce qui représente un bilan carbone alourdi par le transport... D'où l'importance de lire les étiquettes, du bio oui, mais produit près de chez vous !

OÙ ACHETER ?

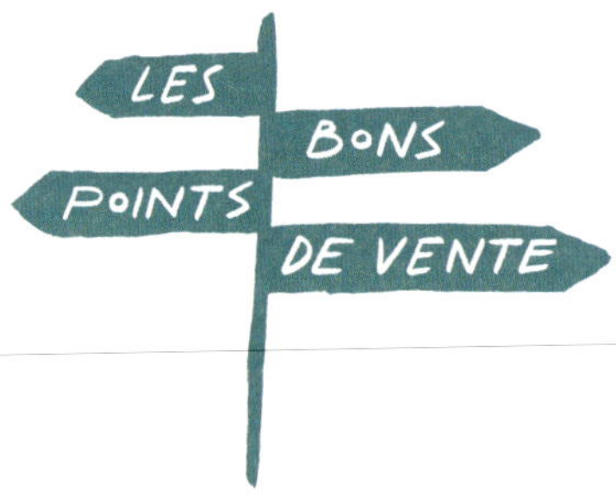

LES MAGASINS D'ALIMENTATION BIOLOGIQUE

Évidemment, selon votre région vous aurez le choix entre divers magasins bio, coopérative bio, etc. Testez-en plusieurs car le prix pour un même produit peut varier du simple au triple selon les endroits. *La Vie Claire*, *Biocoop*, *Naturalia*, *B comme bio*, *Réso bio* sont autant d'enseignes que l'on peut trouver.

EN DIRECT CHEZ LES PRODUCTEURS DE VOTRE RÉGION (CIRCUITS COURTS)

Vous pouvez trouver de petits producteurs de fruits et légumes qui proposent des produits non traités. Jetez un œil sur le site mon-producteur.com qui recense des centaines de producteurs partout en France. Que vous ayez besoin de fruits et légumes bio, de fromages, d'œufs ou même de confitures, vous trouverez des producteurs pas très loin de chez vous.

LES AMAP (ASSOCIATION POUR LE MAINTIEN D'UNE AGRICULTURE PAYSANNE)

Si vous ne savez pas par où commencer, je vous conseille de faire un tour sur le site web des AMAP. Ce sont des associations (il y en a partout en France) qui regroupent des agriculteurs, la plupart du temps bio (vérifiez quand même), voire en biodynamie, proposant des paniers hebdomadaires. Avec cette méthode, vous découvrirez des légumes anciens et oubliés et vous en aurez pour votre porte-monnaie ! Pour en savoir plus, rendez-vous sur le site : *reseau-amap.org*

LA RECHARGE

Premier magasin sans emballage à Bordeaux, vous pouvez y faire vos courses avec votre sachet et vos bocaux.

LES MAGASINS VRAC

Le site Consocollaborative propose une carte des épiceries vrac en France.
http://consocollaborative.com/article/carte-de-france-des-epiceries-en-vrac/

LES COMMERCES DE PROXIMITÉ ET LES MARCHÉS DU COIN

N'oubliez pas les petits commerçants de proximité et le marché (de nombreuses enseignes de supermarchés proposent maintenant des rayons en vrac bio : Auchan, Carrefour, Casino...) pour dépanner, notamment si vous pouvez vous y rendre à pied ou à vélo pour faire baisser votre empreinte carbone.

QUELQUES BONNES ADRESSES SUR LE WEB

- www.laruchequiditoui.fr
- www.reseau-amap.org
- www.reseaucocagne.asso.fr
- www.chouxfleursetpissenlits.com

QUAND ACHETER ?

Le bon réflexe

CONSOMMER DE SAISON, CHAQUE CHOSE EN SON TEMPS…

Notre corps est en symbiose parfaite avec le rythme de la nature. Pourquoi manger des fruits et légumes de saison et locaux si possible ?

- Ils ont plus de goût
- Ils répondent au bon moment à nos besoins nutritionnels
- Ils sont riches en antioxydants
- Ils sont moins traités
- Ils sont moins chers

ILS RÉPONDENT AU BON MOMENT À NOS BESOINS NUTRITIONNELS

La nature est bien faite et nous offre tout ce dont nous avons besoin au bon moment ! En hiver, avec le froid et le manque de soleil, notre corps réclame plus de nutriments et un petit coup de fouet : tant mieux, c'est la saison des légumes riches en minéraux et des agrumes pleins de vitamine C. En été, avec la chaleur, notre organisme dépense moins de calories mais demande plus d'eau : tous les fruits et légumes de la saison en sont gorgés : melon, salade, tomate, courgette, fruits rouges, etc. !

SAY NO TO ÉVITEZ LES PESTICIDES

Lorsque vous consommez des fruits et légumes de saison (et en l'occurrence bio), vous limitez votre consommation de pesticides, entre autres. Hors saison, un fruit ou un légume viendra soit d'une récolte sous serre – en étant surtout aspergé de pesticides et d'accélérateur de pousse pour compenser le manque de soleil et de nutriments dans le sol –, soit d'un pays lointain… Les pesticides sont évidemment à éviter tant du fait de la recrudescence de certaines maladies (cancers, infertilité, etc.) que d'un point de vue écologique (les pesticides se retrouvent dans les nappes phréatiques par exemple).

Le bon réflexe

FAITES DES ÉCONOMIES EN MANGEANT LOCAL

Les produits de saison et locaux demandent bien sûr moins de transports et pas de taxe d'importation, ce qui se répercute sur le prix. Et si vous achetez en circuit court (du producteur à l'acheteur sans intermédiaire), vous ferez de sacrées économies.

Le saviez-vous ?

Bio

Faites le plein d'antioxydants

Les antioxydants sont des molécules qui protègent les cellules de notre corps des agressions qu'elles subissent tous les jours (pollution, tabagisme, UV, etc.), et permettent donc de prévenir l'apparition de certaines maladies et de rester jeune plus longtemps. Les végétaux en produisent comme mécanisme de défense essentiellement lorsqu'ils sont exposés au soleil et aux agressions externes et qu'ils doivent se défendre seuls, sans pesticides. C'est la raison pour laquelle les fruits et légumes bio contiennent plus d'antioxydants que leurs homologues conventionnels. La peau est très riche en antioxydants et autres vitamines et fibres, alors conservez-la au maximum.

CALENDRIER DES FRUITS

JANVIER	FÉVRIER	MARS	AVRIL	MAI	JUIN
Citron Clémentine Kiwi Mandarine Orange Pamplemousse Poire Pomme	Citron Clémentine Kiwi Mandarine Orange Pamplemousse Poire Pomme	Citron Kiwi Orange Pamplemousse Poire Pomme	Citron Pamplemousse Pomme	Cerise Fraise Pamplemousse Rhubarbe	Abricot Cassis Cerise Citron Fraise Framboise Groseille Melon Pamplemousse Pastèque Pomme Prune, Pêche Rhubarbe

JUILLET	AOÛT	SEPTEMBRE	OCTOBRE	NOVEMBRE	DÉCEMBRE
Abricot Cassis Cerise Figue Fraise Framboise Féveroles Fèves Groseille Melon Myrtille Nectarine Orge d'hiver Pastèque Poire Prune Pêche Rhubarbe	Abricot Cassis Figue Fraise Framboise Féveroles Fèves Groseille Melon Mirabelle Myrtille Mûre Nectarine Noisette Pastèque Poire Pomme Prune, Pruneau, Pêche, Raisin	Coing Figue Melon Mirabelle Myrtille Mûre Noisette Noix Pastèque Poire Pomme Prune Pruneau Pêche Raisin	Châtaigne Citron Coing Figue Framboise Myrtille Noisette Noix Poire Pomme Raisin	Châtaigne Citron Clémentine Coing Kiwi Mandarine Orange Poire Pomme	Châtaigne Citron Clémentine Féveroles Fèves Kiwi Mandarine Orange Poire Pomme

Respecter les Saisons

CALENDRIER DES LÉGUMES

JANVIER	FÉVRIER	MARS	AVRIL	MAI	JUIN
Ail Betterave Carotte de garde Céleri-rave Chicorée Chou blanc Chou rouge Choux de Bruxelles Courge Cresson Crosne Endive Épinards Frisée Mâche, Navet Oignon de garde Panais Poireau Pomme de terre Roquette Salsifis Topinambour	Ail Betterave Carotte de garde Céleri-branche Céleri-rave Chicorée Chou blanc Choux de Bruxelles Chou frisé Chou rouge Cresson Crosne Endive Épinards Frisée Mâche Navet Oignon de garde Panais Poireau Pomme de terre Roquette Salsifis Topinambour	Ail Asperge blanche Asperge verte Betterave Blette Carotte de garde Céleri-branche Céleri-rave Chou blanc Choux de Bruxelles Chou frisé Chou rouge Cresson Endive Épinards, Frisée Navet Oignon de garde Panais Poireau Pomme de terre Radis Roquette Salsifis Topinambour	Ail Artichaut Asperge Betterave Blette Carotte primeur Chou-fleur Cive Concombre Endive Épinards Frisée Laitue Navet Oignon primeur Petit pois Poireau Pomme de terre Radis Roquette	Ail Artichaut Asperge blanche Asperge verte Betterave rouge Blette Carotte primeur Céleri Chou-fleur Cive Concombre Épinards Laitue Navet Oignon primeur Petit pois Poireau primeur Pomme de terre primeur Radis Rhubarbe Roquette	Ail, Artichaut Asperge blanche Asperge verte Aubergine Betterave rouge Blette, Brocoli Carotte primeur Céleri, Cive Concombre Courgette Épinards Fenouil Haricot vert Haricot mange-tout Laitue, Navet Oignon primeur Poireau primeur Petit pois Poivron Pomme de terre primeur, Radis Rhubarbe Tomate

JUILLET	AOÛT	SEPTEMBRE	OCTOBRE	NOVEMBRE	DÉCEMBRE
Ail Artichaut Asperge Aubergine Betterave Brocoli Carotte, Céleri Cive Concombre Courgette Épinards Fenouil, Haricot Laitue, Maïs Oignon primeur Poireau primeur Petit pois Poivron Pomme de terre primeur Radis, Tomate	Ail Artichaut Aubergine Betterave, Blette, Brocoli Carotte de saison Céleri, Cive Concombre Courgette Épinards Fenouil, Haricot, Laitue Maïs Oignon primeur Poireau primeur Poivron Pomme de terre primeur Radis, Tomate	Ail, Artichaut Aubergine Betterave Blette, Brocoli Carotte de saison Céleri, Cive Chou blanc Chou-fleur Choux de Bruxelles Concombre Courgette Cresson, Épinards Fenouil, Haricot Laitue, Maïs Oignon de garde Panais Poireau, Potiron Poivron Pomme de terre Radis, Tomate	Ail Betterave Brocoli Carotte de garde Céleri Chicorée Chou blanc, Choux de Bruxelles Chou-fleur Concombre Courge, Cresson Endive Épinards Fenouil, Frisée Laitue, Mâche Maïs, Navet Oignon, Poireau Pomme de terre Potiron Roquette	Ail, Betterave Carotte de garde Céleri, Chicorée Chou blanc Choux de Bruxelles Chou-fleur Citrouille Courge, Cresson Crosne, Endive Épinards Fenouil, Frisée Laitue, Mâche Navet Oignon de garde Panais, Poireau Pomme de terre Potiron, Radis Roquette Salsifis Topinambour	Ail, Betterave Carotte de garde Céleri, Chicorée Choux de Bruxelles Courge Cresson Endive Épinards Mâche Navet Oignon de garde Poireau Pomme de terre Potiron Roquette Salsifis Topinambour

LA CUEILLETTE

SAY YES TO

PARTEZ À LA CUEILLETTE SAUVAGE

Habitués à consommer essentiellement ce qui vient de l'étal d'un marchand (ou d'une grande surface !), on en oublie que bon nombre de plantes sauvages sont comestibles (évidemment pas toutes, soyez prudent). Et si l'on goûtait à nouveau à ces herbes sauvages, riches en nutriments, économiques et encore mieux gratuites, même parfois avec des propriétés médicinales ?

Le bon réflexe

CONSEILS POUR PARTIR À LA CUEILLETTE

❶ Optez pour un panier en osier ou un sac en tissu (pas de plastique, cela fait suer les plantes et c'est pas très *green*).

❷ Ne cueillez pas vos plantes au bord des routes (gaz d'échappements), d'un champ de culture conventionnel (engrais et pesticides) ou dans des endroits trop pollués.

❸ Ne prélevez qu'une petite partie des plantes que vous trouvez et évitez de les déraciner pour leur laisser une chance de se reproduire.

❹ Soyez absolument certain de ce que vous ramassez, certaines plantes sont toxiques ! Demandez conseil à votre pharmacien (attention aux « faux-amis » et aux plantes non comestibles...)

❺ Si vous ne les dégustez pas immédiatement (en fonction de la plante), vous pouvez faire sécher vos plantes au déshydrateur, si vous en possédez un, à basse température au four (60-80 °C), ou sur des clayettes (ou un linge propre) pendant 1 semaine, en prenant soin de les retourner tous les jours. Conservez-les ensuite dans un bocal en verre hermétique.

Top 10

DES GRANDS CLASSIQUES À CUEILLIR

❶ **CHAMPIGNONS** (girolles, cèpes, trompettes de la mort, pleurotes...)

❷ **ORTIES**

❸ **PISSENLITS**

❹ **BARDANE**

❺ **MÛRES**

❻ **PRUNELLES**

❼ **AIL DES OURS**

❽ **OSEILLE SAUVAGE**

❾ **PIMPRENELLE**

❿ **ASPERGES SAUVAGES**

PESTO D'ORTIE

80 g de feuilles d'orties ; 20 g de pignons de pin ; 20 g de parmesan ; 10 ml d'huile d'olive ; sel, poivre du moulin

1. Faites tremper les orties dans de l'eau additionnée d'un peu de vinaigre blanc pendant 1 heure.
2. Rincez puis ôtez les feuilles de la tige. Mettez tous les ingrédients dans le bol d'un robot et mixez jusqu'à l'obtention du pesto. Servez sur du pain grillé ou avec des pâtes, par exemple.

GELÉE DE FLEURS DE SUREAU

150 g de fleurs de sureau, 1 kg de sucre blond de canne, le jus de 1 citron, 5 g d'agar-agar

1. Détachez les fleurs de sureau. Mettez-les dans un saladier et ajoutez 1,5 litre d'eau bouillante. Faites infuser l'ensemble pendant 48 heures au réfrigérateur. Filtrez le mélange.
2. Ajoutez le reste des ingrédients et faites bouillir le tout en maintenant l'ébullition pendant 5 minutes.
3. Ébouillantez des bocaux et leur couvercle, puis laissez sécher à l'air libre. Versez la gelée dans les bocaux et fermez-les.

CALENDRIER DE CUEILLETTE

JANVIER

Pâquerette
Pomme sauvage
Truffe du Périgord

FÉVRIER

Pâquerette
Truffe du Périgord

MARS

Ail des ours (fleurs et feuilles)
Alliaire officinale (feuilles)
Asperge sauvage
Ortie
Oseille des bois
Pâquerette
Pissenlit
Plantain lancéolé
Roquette sauvage
Truffe du Périgord

AVRIL

Acacia
Ail des ours (fleurs et feuilles)
Alliaire officinale (feuilles)
Asperges sauvages
Busserole
Cerfeuil des bois
Lamier blanc
Menthe
Ortie
Oseille des bois
Pâquerette
Pimprenelle
Plantain lancéolé
Roquette sauvage
Valériane

MAI

Acacia
Ail des ours (fleurs et feuilles)
Alliaire officinale (feuilles)
Asperge sauvage
Berce commune (feuilles)
Bourrache
Cerfeuil des bois
Grande mauve (feuilles)
Herbe aux goutteux
Lamier blanc
Lilas
Matricaire odorante
Menthe
Onagre
Ortie
Oseille des bois
Pâquerette
Pensée sauvage
Pimprenelle
Plantain lancéolé
Roquette sauvage
Rosier des chiens
Trèfle des près

JUIN

Acacia
Achillée millefeuille (fleurs)
Ail des ours (fleurs)
Alliaire officinale (feuilles)
Berce commune (feuilles)
Chénopode blanc (feuilles)
Fraise des bois
Grande mauve (feuilles)
Herbe aux goutteux
Lamier blanc
Lavande
Lilas
Matricaire odorante
Menthe
Onagre
Ortie
Oseille des bois
Pâquerette
Pimprenelle
Plantain lancéolé
Roquette sauvage
Souci
Sureau (fleurs)
Trèfle des près
Verveine

JUILLET

Alliaire officinale (feuilles)
Berce commune (feuilles)
Chénopode blanc (feuilles)
Coquelicot
Fraise des bois
Grande mauve (feuilles)
Herbe aux goutteux
Lamier blanc
Lavande
Matricaire odorante
Menthe
Mûre
Onagre
Ortie
Oseille des bois
Pâquerette
Pimprenelle
Plantain lancéolé
Roquette sauvage
Trèfle des près

AOÛT

Achillée millefeuille (fleurs et feuilles)
Alliaire officinale (feuilles)
Aubépine (fruits)
Argousier (fruits)
Berce commune (feuilles)
Cassis
Cèpe
Chénopode blanc (feuilles)
Eglantier des chiens (fruits)
Girolle
Grande mauve (feuilles)
Herbe aux goutteux
Lamier blanc
Lavande
Matricaire odorante
Mûre
Noisette
Onagre
Ortie
Oseille des bois
Pâquerette
Pimprenelle
Plantain lancéolé
Roquette sauvage
Sureau (baies)
Trèfle des près

SEPTEMBRE

Achillée millefeuille (fleurs et feuilles)
Aubépine (fruits)
Argousier (fruits)
Berce commune (feuilles)
Cassis
Cèpe
Châtaigne
Chénopode blanc (feuilles)
Eglantier des chiens (fruits)
Girolle
Herbe aux goutteux
Lamier blanc
Matricaire odorante
Mûre
Noisette
Noix
Onagre
Ortie
Oseille des bois
Pâquerette
Pomme sauvage
Pimprenelle
Plantain lancéolé
Roquette sauvage
Sureau (baies)
Trèfle des près

OCTOBRE

Achillée millefeuille (fleurs et feuilles)
Aubépine (fruits)
Argousier (fruits)
Berce commune (feuilles)
Cèpe
Châtaigne
Chénopode blanc (feuilles)
Eglantier des chiens (fruits)
Girolle
Mûre
Noisette
Noix
Onagre
Ortie
Pâquerette
Pimprenelle
Pomme sauvage
Plantain lancéolé
Trèfle des près
Trompette-de-la-mort

NOVEMBRE

Cèpe
Châtaigne
Trompette-de-la-mort
Ortie
Pomme sauvage
Pâquerette
Trèfle des près

DÉCEMBRE

Cèpe
Truffe du Périgord
Trompette-de-la-mort
Pomme sauvage
Pâquerette
Trèfle des près

EN QUÊTE DE QUALITÉ

CES LABELS PERMETTENT CERTAINES GARANTIES SUR LE PRODUIT.

LES LABELS « ORIGINES »

AOC

L'appellation d'origine controlée est un label permettant d'identifier un produit dont les étapes de fabrication (production et transformation) sont réalisées dans une même zone géographique et selon un savoir-faire reconnu.

AOP

L'appellation d'origine protégée désigne des produits qui ont été produits, transformés et élaborés dans une aire géographique déterminée, en mettant en œuvre le savoir-faire reconnu de producteurs locaux et des ingrédients provenant de la région concernée.

IGP

L'indication géographique protégée est un label qui identifie un produit agricole, brut ou transformé, dont la qualité, la réputation ou d'autres caractéristiques sont liées à son origine géographique.

LES LABELS « QUALITÉ »

LABEL ROUGE

Le Label Rouge est un signe national qui désigne des produits qui, par leurs conditions de production ou de fabrication, ont un niveau de qualité supérieur par rapport aux autres produits similaires habituellement commercialisés.

LABEL AB

Le label Agriculture biologique est un label de qualité français créé en 1985, et fondé sur l'interdiction d'utilisation de produits issus de la chimie de synthèse. Il permet d'identifier les produits issus de l'agriculture biologique.

LES DIFFÉRENTS LABELS BIO

NATURE ET PROGRÈS

Nature & Progrès est une association de consommateurs, d'agriculteurs producteurs et d'artisans transformateurs. Elle veut promouvoir une agriculture respectant le vivant. Son cahier des charges est plus exigeant que celui du label européen. Pour obtenir la mention bio, l'exploitation doit être totalement convertie à l'agriculture biologique, les OGM sont interdits et l'alimentation des animaux doit être à 100% bio.

DEMETER

Demeter est un label international qui labellise les produits issus d'agriculture biodynamique. Les produits certifiés doivent respecter les cahiers des charges du label bio de l'Union européenne et celui de Demeter.

BIO COHÉRENCE

Bio Cohérence est une marque de certification privée, créé le 12 avril 2010, en réaction à une diminution des exigences du cahier des charges du label français AB, qui s'est aligné sur le cahier des charges du label bio européen le 1er janvier 2009.

LES LABELS « ÉQUITABLES » ET « DURABLES »

Le commerce équitable repose sur une organisation des échanges visant à équilibrer le rapport producteur / consommateur entre les pays. Le consommateur achète un produit à un prix garantissant au producteur une juste rémunération de son travail et des conditions respectueuses de l'homme et de l'environnement.

Le saviez-vous ?

Dois-je limiter la viande ?

Grasse, difficile à digérer, la viande est en fait considérée comme « toxique » pour notre corps et pour la planète. Elle génère des déchets et métabolites nocifs que notre corps est incapable de dégrader totalement. Sans nécessairement adopter un régime végétarien, il est conseillé, pour notre santé, de diminuer notre consommation de viande, et plus particulièrement de viande rouge (bœuf, porc, agneau).

Quelques chiffres :

- *La consommation de viande utilise 60 % des réserves d'eau mondiales.*
- *De 7 à 16 kg de céréales sont nécessaires pour produire 1 kg de viande.*
- *15 000 litres d'eau sont nécessaires pour produire 1 kg de viande de bœuf.*
- *Près de 50 % de toutes les récoltes alimentaires dans le monde sont mangées par le bétail.*
- *64 % des terres cultivables du monde servent à la production de viande (pâturage et fourrage).*
- *En 1997, la quantité d'antibiotiques utilisée dans l'Union européenne s'est élevée à 10 493 tonnes.*

Repenser sa consommation de viande

Repenser sa consommation de viande, tant en termes de quantité que de qualité, c'est aussi prendre soin de la planète. Pour produire une protéine animale, sept à dix protéines végétales sont nécessaires… Les élevages intensifs, les céréales traitées ou contenant des OGM, les antibiotiques (les animaux d'exploitation consomment plus de 30 % des antibiotiques produits en Europe) ; cela n'est pas sans laisser de traces.

CHOISISSEZ BIEN VOTRE POISSON

Certaines espèces sont en voie de disparition, d'autres sont totalement infectées par les métaux lourds. Oui, le poisson est réputé pour être bon pour la santé, mais encore faut-il savoir le choisir…

Le saviez-vous ?

Qu'est-ce que la pêche durable ?

❶ *La pêche durable est gérée selon une approche écosystémique (par exemple : application du principe de précaution, intégration de réserves marines dans le plan de gestion).*

❷ *Elle aide à protéger les habitats et les espèces sensibles.*

❸ *Elle maintient le stock de toutes les espèces cibles à un niveau sain (par exemple : suivi des recommandations scientifiques de référence).*

❹ *Elle utilise des méthodes de pêche sélectives (par exemple : non destructrices).*

❺ *Elle maintient la biodiversité.*

❻ *Elle minimise l'utilisation de l'énergie, de produits chimiques, ainsi que la production de déchets tout au long de son processus.*

❼ *Elle respecte des méthodes socialement et économiquement équitables et responsables.*

❽ *Elle assure une traçabilité complète de tous ses produits depuis la zone de capture jusqu'au point de vente.*

(Source : *Greenpeace*)

Le bon réflexe

QUELS POISSONS DANS MON ASSIETTE ?

- 1 espèce de poisson sur 3 est menacée d'extinction, la moitié parvient à peine à se renouveler.
- 7 % des espèces marines ont disparu depuis 1950.
- 29 % des espèces pêchées sont en voie d'extinction totale.
- 5 % de poissons en moins du fait de la pêche et des ressources de la planète qui s'épuisent.

Mémo green

QUELQUES NOTIONS CLÉS À RETENIR :

- Pas de surpêche
- Choisissez du poisson sauvage ou d'élevage bien géré
- Évitez les espèces surpêchées, dont certaines sont en voie d'extinction
- Optez pour du poisson local (Méditerranée, Bretagne, Atlantique...)
- Achetez directement à la criée pour obtenir du poisson ultra frais, local et souvent à prix plus que raisonnable. Vous découvrirez également des espèces locales peu courantes pour changer du cabillaud...

QUELQUES BONNES ADRESSES SUR LE WEB :

- La liste rouge des poissons à éviter : *www.greenpeace.org/international/en/campaigns/oceans/seafood/red-list-of-species/*
- La liste des espèces de poissons recommandées en France (et par région) : *mrgoodfish.fr*

Le saviez-vous ?

85 % des morues pêchées sont trop jeunes pour avoir le temps de se reproduire.

Selon FranceAgriMer, la France fait partie des pays européens où l'on consomme le plus de produits aquatiques ; la moyenne par habitant est d'environ 25 kg de poisson par an.

Selon la FAO (Organisation des Nations unies pour l'alimentation et l'agriculture), cette hausse de la consommation de poisson s'explique principalement par le développement de l'aquaculture qui est appelée à dépasser les pêches de capture.

5 POISSONS DANS L'ASSIETTE

1. Carpe
2. Truite
3. Sardine
4. Maquereau
5. Hareng

Source : *Slowfish*

5 POISSONS À ÉVITER

1. Thon rouge
2. Crevette tropicales
3. Saumon d'élevage (Atlantique)
4. Cabillaud (Atlantique)
5. Espadon

Pour bien choisir son poisson, le prendre avec des yeux bombés, la chair ferme, une couleur homogène et la peau brillante.

3 gestes
POUR MIEUX CONSOMMER DU POISSON

1. Privilégiez les poissons de la pêche locale : ils sont plus frais et ont moins voyagé.
2. Optez pour le label MSC* et évitez autant que possible les espèces prédatrices qui sont concentrées en mercure (le thon, par exemple).
3. Fuyez les poissons d'élevage qui vivent dans des bassins traités chimiquement.

**Le label MSC*

Le Marine Stewardship Council (ou MSC, en français Conseil pour la bonne gestion des mers) est un label garantissant au consommateur que les produits de la mer et issus de la pêche ont été pêchés durablement en respectant les écosystèmes marins.

CHOISIR SES ŒUFS

L'ŒUF EST L'UN DES PRODUITS D'ORIGINE ANIMALE LES PLUS RÉGLEMENTÉS : LE MODE D'ÉLEVAGE DES POULES PONDEUSES EST ENCADRÉ DEPUIS 1999 SELON UNE DIRECTIVE EUROPÉENNE. LA FRANCE EST LE PREMIER PRODUCTEUR EUROPÉEN ET NOUS SOMMES PARMI LES PLUS GRANDS CONSOMMATEURS.

LES EMBALLAGES

Ils comportent des mentions obligatoires, notamment :

+ La Date de Consommation Recommandée (DCR) ;
+ Le numéro du centre d'emballage ;
+ Le calibre de l'œuf ;
+ Le mode d'élevage ;
+ La catégorie, la lettre A pour les œufs vendus aux consommateurs.

UN CODE POUR CHAQUE MODE D'ÉLEVAGE

Qui n'a pas remarqué ces chiffres et lettres qui figurent obligatoirement sur la coquille de l'œuf ? Code à retrouver directement tamponné sur les œufs même ceux achetés en vrac. Le tout premier chiffre correspond au mode d'élevage des poules (code 3, 2, 1 ou 0). Les 2 premières lettres indiquent le pays de production (FR pour France). Les 3 lettres et les chiffres sont les références du producteur et le bâtiment de ponte.

À CHAQUE CALIBRE, UNE LETTRE

Les œufs sont classés selon leur poids. Il existe 4 calibres différents identifiés par des lettres :

S
Pour les petits œufs inférieur à 53 g

M
Pour les œufs moyens, 53 à 63 g

L
Pour les gros œufs, 63 à 73 g

XL
Pour les très gros œufs, supérieur à 73 g

C'EST QUOI, UN ŒUF « FRAIS » ?

Les œufs vendus aux consommateurs peuvent être frais ou extra-frais :

La mention « frais » signifie que l'œuf = consommation jusqu'à 28 jours après la ponte, c'est le cas pour tous les œufs vendus (sauf les « extra-frais ») ;

La mention « extra-frais » ou « extra » = consommation jusqu'à 9 jours après la ponte.

LES DATES LIMITE DE CONSOMMATION

La date de consommation est une estimation et parfois, l'œuf peut être consommé encore plusieurs jours. Pour le savoir, déposez votre œuf dans un grand récipient rempli d'eau froide.

Si l'œuf tombe directement au fond du récipient, il est encore frais.

S'il stagne au milieu du récipient, c'est limite, dépêchez-vous de la consommer plutôt que de le jeter.

S'il remonte à la surface, il ne faut surtout pas le consommer.

LES MODES D'ÉLEVAGES

Œufs de poules élevées en plein air en mode biologique
C'est le mode d'élevage le plus respectueux avec 6 poules/m² 3 000 volailles par bâtiment, un parcours extérieur aménagé avec 4 m²/poule. L'alimentation doit provenir à 90 % de l'agriculture biologique.

Œufs de poules élevées en plein air
Les poules peuvent sortir à l'extérieur avec un espace de 4 m² minimum par poule. Dans les bâtiments, elles doivent être 9 poules au m² maximum. Leur alimentation n'est pas encadrée.

Œufs de poules élevées au sol
Les poules vivent « en liberté » sur le sol et ont un peu plus d'espace : 9 poules au m². L'alimentation des poules n'est pas réglementée.

Œufs de poules élevées en cage
En France, 81 % des poules pondeuses vivent en « batteries » dans des élevages intensifs dont les conditions sont exécrables. L'alimentation des poules n'est pas réglementée.

LABEL ROUGE

Les œufs portant ce label respectent un cahier des charges plus exigeant : Les conditions du code 1 , plus 5 m² par poule en extérieur, 9 poules/m² à l'intérieur, 6 000 volailles par bâtiment maximum et leur alimentation doit être 100 % végétale, minérale et vitaminée.

BLEU BLANC CŒUR

L'association est née d'un engagement de paysans, scientifiques, agronomes, consommateurs, marques et médecins qui partent du constat simple : en respectant la terre, la biodiversité, et les animaux, l'alimentation qui en résulte a une meilleure qualité nutritionnelle. L'association est reconnue par le ministère de la santé.

LE GREENWASHING, AUSSI POUR LES ŒUFS

Ces mentions sont agrémentées d'une packaging champêtre, il ne faut se fier qu'aux codes pour savoir quel a véritablement été le mode d'élevage. Les dénominations comme « œufs de campagne », « œufs de ferme » « œuf bien de chez nous »... ne veut strictement rien dire sur le mode d'élevage des poules... L'œuf labellisé biologique est idéal, à privilégier pour une alimentation riche en valeurs nutritionnelles, qui respecte l'environnement et les conditions de vie des poules.

LE RAFFINAGE

Le raffinage est une technique industrielle visant à purger un aliment brut dans le but d'obtenir un nouvel aliment totalement inerte présentant une très longue conservation. Ce procédé ôte également une grande partie des bons nutriments. Le raffinage chasse les minéraux des aliments (comme le magnésium, le phosphore, le calcium) et les vitamines (notamment du groupe B) ainsi que les fibres, ne laissant ainsi que des « calories vides » à l'organisme.

Malheureusement le raffinage concerne la majeure partie des produits du commerce conventionnel, comme les huiles végétales (chauffées pour une meilleure extraction), le sucre, les céréales (blé, riz, etc.), la farine, les pâtes, etc.

LES CONSÉQUENCES DU RAFFINAGE SUR LA SANTÉ

◈ **Effet hyperglycémiant :** une céréale raffinée va entraîner une élévation du taux de sucre dans le sang après son ingestion. Le pancréas est donc plus souvent sollicité pour fabriquer de l'insuline, d'où les risques de diabète.

◈ **Appauvrissement en minéraux et vitamines :** une bonne digestion requiert vitamines et minéraux. Quand l'aliment en contient l'apport contrebalance la perte. Or, quand la balance est négative, le corps va puiser dans les réserves jusqu'à épuisement du stock. Conséquences : épuisement, surpoids, baisse de l'immunité, maladies cardio-vasculaires, etc.

◈ **Élimination des protéines.** Les céréales raffinées n'apportent plus de protéines mais seulement de l'amidon. A contrario, les céréales non raffinées constituent une excellente source de protéines d'origine végétale et donc pauvres en graisses saturées.

◈ **Réduction des fibres** alors qu'elles sont excellentes pour réguler le transit ainsi que le métabolisme (sucre et graisses), et pour contrôler la satiété, donc limiter la prise de poids. Les produits raffinés en sont dénués et la consommation moyenne de fibres en France est trop faible (moins de 20 g par jour alors qu'elle devrait être de 40 g !)

Que faire ? Achetez le plus possible de céréales complètes ou demi-complètes, du pain à base de farine demi-complète bio, des huiles première pression à froid. Évitez aussi le sucre blanc (préférez le miel ou le sirop d'agave) et achetez plutôt du sel gris.

Mémo green

QUELS SUCRES CHOISIR ?

Le sucre blanc raffiné connaît un nombre impressionnant de transformations et de procédés chimiques avant d'arriver sur notre table. Il est en effet nettoyé grâce à des substances telles que la chaux, le dioxyde de carbone, l'acide sulfurique, puis il subit tout un processus de filtrage et de décoloration pour obtenir un produit bien blanc ayant perdu toutes ses propriétés (vitamines, minéraux, enzymes, oligoéléments).
Les conséquences ? **Obésité, hypertension artérielle** mais aussi **pathologies cognitives et psychologiques** sur le cerveau, affaiblissement des capacités immunitaires, hormonales et circulatoires, fatigue chronique, réduction du potentiel intellectuel et dépression.

QUELLES SONT LES ALTERNATIVES AU SUCRE RAFFINÉ ?

Le Rapadura® est un extrait 100 % naturel de la canne à sucre qui n'a subi aucune transformation ni raffinage.
Le sucre muscovado est un sucre de canne complet, non raffiné.
La mélasse est un sirop noir très épais qui contient les résidus de sucre extrait des cannes à sucre.
Le miel est très nourrissant ; il fournit divers minéraux, vitamines et acides aminés.

En France, la grande majorité des miels sont importés. Ce miel est souvent chauffé, mélangé et même parfois additionné de sirop de glucose. L'idée serait donc d'acheter votre miel chez un apiculteur local mais, là encore, beaucoup d'entre eux n'ont d'apiculteur que le nom et ne font qu'embouteiller du miel arrivé en fûts de Chine ou d'Amérique latine ! Pensez à vous renseigner sur la provenance du miel que vous souhaitez acheter et n'oubliez pas que certains apiculteurs comme Ballot-Flurin, par exemple, mettent en place de vraies techniques d'apiculture douce visant à protéger les ressources nourricières des abeilles et à préserver la biodiversité des plantes mellifères.

Le sirop d'agave autrefois réservé aux magasins bio, il a désormais envahi les supermarchés. Le sirop d'agave est issu d'un cactus originaire du Mexique. Achetez-le bio.

La stévia est issue d'une plante, la *Stevia rebaudiana*, qui pousse en Amérique du Sud. Choisissez-le bio et 100% non mélangé.

Le sirop d'érable n'est autre que de la sève d'érable. C'est une bonne source de vitamine B, de zinc et de manganèse.

Le sirop de riz provient de la fermentation du riz brun. Son pouvoir sucrant est moins fort que celui du sucre blanc.

Le sucre de coco est issu de la sève de la fleur de cocotier. Son principal atout : il possède un indice glycémique très bas (35).

◈ **Les huiles végétales de première pression à froid issues de l'agriculture biologique :** huile d'olive, de colza, de tournesol, ainsi que les autres huiles végétales « bien-être » comme les huiles de noix, d'avocat, d'argan, de cameline, de noisette… Elles apportent des oméga 3 et 6 non synthétisés par le corps et indispensables pour nourrir nos cellules.

◈ **Les protéines végétales :** essayez les associations de céréales et de légumineuses comme le riz et les lentilles, la semoule et les pois chiches, le quinoa et les haricots rouges…

◈ **Les légumineuses**

- Arachide
- Fenugrec
- Fève
- Haricot
- Lentilles
- Lupin
- Luzerne
- Pois chiches
- Soja

◈ **Les céréales**

- Amarante
- Millet
- Quinoa (pseudocéréale)
- Riz (basmati, thaï, noir…)
- Sarrasin
- Sorgho

◈ **Les oléagineux**

- Amandes
- Chanvre
- Chia
- Graines de courge
- Graines de sésame
- Noix…

◈ **Les fruits et légumes de saison :** ils doivent être non traités ou, mieux, issus de l'agriculture biologique. Pensez à regarder chez les producteurs près de chez vous et regardez si vous ne trouvez pas une AMAP ou une Ruche (voir « où acheter », p. 44-45).

◈ **Les céréales complètes ou semi-complètes** (et de préférence pauvres en gluten)

Céréales à forte teneur en gluten

- Blé tendre (froment)
- Blé dur
- Épeautre
- Seigle
- Orge

Céréales à faible teneur en gluten

- Avoine
- Kamut
- Petit épeautre

Céréales et pseudocéréales sans gluten

- Amarante
- Fonio
- Maïs
- Millet
- Quinoa
- Riz
- Sarrasin

◈ **Les sucres naturels :** voir p.63

SAY NO TO

◈ Les produits raffinés

Voir « le raffinage » p.62

◈ Les produits industriels

Ces produits sont transformés, trop sucrés, trop salés. De plus, les industriels ajoutent des exhausteurs de goût, des colorants, des conservateurs, dont on pourrait bien se passer.

◈ Les pesticides

Vous pouvez éviter les pesticides en achetant des aliments non traités, voire bio. Leurs méfaits sur la santé sont indéniables (cancers, maladies dégénératives...). Ils sont présents dans les fruits et légumes, les viandes, les poissons (en plus des métaux lourds), les produits laitiers comme le lait ou le fromage, les céréales conventionnelles.

◈ Le gluten

Le gluten est un mélange de protéines combinées avec de l'amidon dans l'endosperme de nombreuses céréales. L'industrie a tellement modifié les céréales que nos enzymes digestives ne sont plus capables de les digérer correctement. Il vaut mieux donc en limiter l'utilisation. Outre des troubles digestifs récurrents qui peuvent être plus ou mois anodins ou s'avérer plus graves comme la maladie cœliaque, le gluten peut être le point de départ de problèmes de digestion, d'une fatigue chronique, de problèmes de peau persistants, d'eczéma ou de psoriasis (voir page ci-contre).

◈ Les produits laitiers

Le lait d'aujourd'hui n'a plus rien à voir avec le lait d'il y a cinquante ans. Aujourd'hui, les produits laitiers contiennent une quantité affolante d'hormones en plus des antibiotiques administrés aux vaches. De plus, la caséine et le lactose peuvent provoquer des ballonnements ainsi que des problèmes digestifs susceptibles d'empêcher l'organisme d'assimiler les nutriments essentiels à notre corps. Pour ceux qui souhaitent tout de même consommer des produits laitiers, privilégiez ceux qui sont à base de lait de vache biologique afin de minimiser la consommation d'hormones. Pensez également aux laits de chèvre ou de brebis, bien mieux tolérés. Vous pouvez opter pour des laits ou des boissons d'origine végétale issus des oléagineux et des céréales comme le lait d'amande, la boisson de riz, la boisson à l'avoine, la boisson d'épeautre....

MATIÈRES GRASSES VÉGÉTALES
CÉRÉALES
FRUITS SECS ET OLÉAGINEUX
GRAINES
PURÉES D'OLÉAGINEUX

LÉGUMINEUSES
LAITS ET BOISSONS VÉGÉTALES
ALTERNATIVES AUX SUCRES
TOFU

MON GREEN KIT

Le Placard idéal

Voici les ingrédients qui permettent de parer à toute éventualité. Ils se conservent facilement dans des bocaux en verre hermétiques (type Le Parfait®) par exemple) et contribuent à une cuisine simple, économique et bio. Ils s'achètent la plupart du temps en vrac et servent donc à faire d'une pierre « trois coups » (zéro déchet, économies, alimentation équilibrée et bio).

LES CÉRÉALES

Riz basmati, thaï, noir, complet, demi-complet...

Sarrasin classique

Quinoa blond, rouge, brun

Fonio, sorgho

Flocons de céréales (avoine par exemple)

Pâtes sèches (spaghettis, penne, farfalles...)

◇

LES LÉGUMINEUSES

Elles sont moins chères, se conservent longtemps, et sont la plupart du temps disponibles en vrac. Pour le côté pratique, vous pouvez également en acheter en bocaux en verre (recyclables), ils vous permettront une utilisation immédiate.

Pois chiches

Lentilles

Haricots (blancs, rouges...)

Protéines de soja texturées (substitut à la viande pour réaliser un hachis parmentier ou une bolognaise vegan par exemple)

LES FARINES ET FÉCULES (COMPLÈTES OU SEMI-COMPLÈTES)

Vous pouvez aussi opter pour une seule farine. Dans ce cas, choisissez-la de préférence « bise » (T80), vous pourrez ainsi réaliser tous types de recettes avec (cuisine sucrée, salée, pâtisserie, pain…) tout en gardant une bonne valeur nutritionnelle (par rapport à la farine conventionnelle blanche et raffinée dont les qualités nutritionnelles sont proches du néant…).

Vous en trouverez en vrac, attention cependant à bien la conserver hermétiquement car la farine bio attire particulièrement les mites.

Farine de blé T80

Mix de farines sans gluten

Farine d'épeautre

LES PRODUITS SUCRANTS

Dattes Medjool
Miel
Mélasse
Rapadura®
Sirop d'agave (cru de préférence)
Sirop d'érable (Ferme Vifranc)
Sirop de riz
Stévia
Sucre Muscodio
Sucre de coco

LES OLÉAGINEUX ET LES FRUITS SECS

Véritables trésors de la cuisine bio, les oléagineux et les fruits secs permettent de faire le plein de nutriments (acides gras, vitamines, antioxydants, calcium…). Ils apportent de nombreux bienfaits au corps. Ils sont disponibles en vrac et se conservent très facilement (dans des bocaux).

Amandes
Chanvre
Chia
Fruits secs (raisins, cranberries, abricots)
Graines de sésame (blond et noir)
Graines de lin
Noix de cajou
Noix de macadamia
Noix de Pécan
Noix de coco (copeaux)
Noix

LES CÉRÉALES DU PETIT DÉJEUNER

GRANOLA MAISON

Préparation : 10 minutes • Repos : 15 minutes environ • Cuisson : 30 minutes

Ingrédients pour 8 personnes

300 g de flocons d'avoine
50 g de graines de tournesol
30 g de graines de courge
50 g de cranberries séchées
50 g de raisins secs blonds
60 g d'amandes décortiquées mondées
30 g de pistaches décortiquées non salées
30 cl de sirop d'érable
10 cl d'huile de tournesol

1. Préchauffez le four à 180 °C (th. 6).
2. Concassez grossièrement les amandes et les pistaches.
3. Dans une casserole, faites chauffer doucement le sirop d'érable et l'huile en remuant.
4. Dans un grand saladier, déposez les flocons d'avoine, les graines et tous les fruits secs. Versez le mélange à base de sirop d'érable et remuez avec une cuillère en bois pour bien enrober l'ensemble.
5. Étalez le mélange en couche fine sur une plaque de cuisson recouverte de papier cuisson. Enfournez et faites cuire 30 minutes : le granola doit prendre une couleur dorée (veillez à ce qu'il ne brûle pas).
6. Laissez refroidir le granola 15 minutes environ pour qu'il durcisse. Cassez-le en morceaux et dégustez avec un yaourt au soja, une boisson végétale, des fruits de saison et un peu de sirop d'érable.

ASTUCE
Vous pouvez conserver le reste de ce granola dans un bocal ou une boîte hermétique pendant plusieurs semaines.

CHIPS DE LÉGUMES

La plupart des chips vendues dans le commerce sont saturées en graisses (bien souvent issues de l'huile de palme) et bien sûr en sel raffiné. Mais cela ne s'arrête pas là ! Elles peuvent contenir aussi de nombreux additifs superflus comme des arômes, des exhausteurs de goûts, de l'acide citrique, des protéines de blé... Et voilà comment une simple pomme de terre se transforme en cocktail détonnant issu de l'industrie agroalimentaire pouvant même vous rendre addict ! Faute à qui ? Au glutamate de sodium se cachant aussi sous le doux nom de E621. Selon différentes études, les risques liés à la consommation excessive de glutamate seraient l'obésité, l'hypertension, l'hyperactivité, le diabète, les migraines, etc.

Préparation : 25 minutes • Cuisson : 30 minutes

Ingrédients pour 8 personnes

5 pommes de terre
5 pommes de terre Vitelotte
2 betteraves rouges
2 betteraves Chioggia
1 oignon
½ piment oiseau (quantité à adapter selon les goûts)
1 cuillerée à café de concentré de tomates
500 g de pulpe de tomates
2 cuillerées à soupe d'huile d'olive
1 cuillerée à soupe de vinaigre balsamique
1 cuillerée à soupe de Rapadura® (sucre de canne complet)
Fleur de sel
Sel, poivre du moulin
Huile pour la friture

1. Épépinez et hachez le piment.
2. Pelez et ciselez l'oignon. Faites-le revenir dans une poêle avec l'huile d'olive. Ajoutez la pulpe et le concentré de tomates, le sucre, le vinaigre et le piment haché. Mélangez et faites revenir 15 minutes à feu doux. Salez et poivrez. Laissez refroidir cette salsa roja.
3. Épluchez et lavez les légumes puis coupez-les en très fines rondelles à l'aide d'une mandoline.
4. Faites chauffer l'huile de friture à 180 °C. Plongez les rondelles de légumes dans l'huile et laissez-les dorer 3 à 4 minutes en les retournant à mi-cuisson (procédez en plusieurs fois).
5. Retirez les chips à l'aide d'une écumoire et déposez-les sur une feuille de papier absorbant. Parsemez-les aussitôt de fleur de sel et servez avec la salsa.

ASTUCE
Carotte, potiron, céleri, panais... tant de légumes et autant de possibilités pour confectionner des chips surprenantes !

LES DIPS APÉRO

HOUMOUS DE FÈVES

Préparation : 15 minutes • Cuisson : 7 minutes

Ingrédients pour 4 personnes
200 g de fèves écossées
1 cuillerée à soupe de tahin (purée de sésame)
4 gousses d'ail
1 cuillerée à soupe de cumin
5 brins de coriandre
1 cuillerée à soupe d'huile de noisette
Sel, poivre du moulin

1. Blanchissez les fèves 7 minutes dans une casserole d'eau bouillante. Lavez et effeuillez la coriandre. Pelez et dégermez les gousses d'ail.
2. Égouttez les fèves puis ôtez la peau qui les recouvre. Mixez-les avec la coriandre, le tahin, l'ail et le cumin (gardez de petits morceaux). Salez et poivrez.
3. Déposez le houmous dans un bol et servez recouvert d'huile de noisette.

DIP DE BETTERAVES

Préparation : 5 minutes • Sans cuisson

Ingrédients pour 4 personnes
2 betteraves cuites
½ botte de ciboulette ciselée
Le jus de ½ citron
Vinaigre de cidre

1. Pelez les betteraves et coupez-les en gros cubes. Mixez-les finement avec le jus de citron et 1 cuillerée à soupe de vinaigre de cidre. Salez et poivrez.
2. Déposez le dip dans un bol et parsemez de ciboulette ciselée.

CAVIAR D'AUBERGINES

Préparation : 10 minutes • Cuisson : 40 minutes

Ingrédients pour 4 personnes
2 aubergines
2 gousses d'ail pelées et dégermées
3 branches de thym
1 cuillerée à soupe de paprika fumé
3 cuillerées à soupe d'huile d'olive

1. Préchauffez le four à 200 °C (th. 6-7). Déposez les aubergines coupées en deux dans la longueur sur une plaque de cuisson, côté chair vers le haut. Ajoutez dessus l'huile d'olive, l'ail et le thym. Enfournez pour 40 minutes.
2. Récupérez la chair des aubergines avec une cuillère puis mixez-la avec le paprika fumé. Salez et poivrez.
3. Déposez le caviar d'aubergine dans un bol et servez.

LES BISCUITS APÉRO

CRACKERS AUX GRAINES DE COURGE ET NOISETTES

Préparation : 10 minutes • Cuisson : 40 minutes

Ingrédients pour 8 personnes

45 g de graines de courge + 30 g pour le dessus
45 g de noisettes entières
40 g de graines de lin
200 g de farine d'amandes
20 cl de sirop d'érable

1. Préchauffez le four à 150 °C (th. 5).
2. Concassez les noisettes. Dans un saladier, mélangez la farine avec les noisettes et les graines. Ajoutez 20 cl d'eau petit à petit et malaxez la pâte jusqu'à obtenir une boule (ajoutez encore un peu d'eau si besoin).
3. Étalez la pâte très finement sur le plan de travail fariné. Déposez-la sur une plaque de cuisson recouverte de papier cuisson. À l'aide d'un pinceau, étalez le sirop d'érable sur toute la surface de la pâte. Répartissez le reste des graines de courge.
4. Enfournez et faites cuire 30 minutes en surveillant bien la cuisson. Laissez refroidir.
5. Cassez la pâte pour former des crackers aux formes aléatoires. Servez avec des dips à l'apéritif.

ASTUCE

Mixez les crackers en poudre fine pour obtenir une chapelure qui vous servira à paner des aubergines ou à réaliser un crumble de légumes, sur une ratatouille par exemple. Vous pouvez également mélanger la chapelure obtenue avec une peu d'huile de coco (désodorisée ou pas en fonction de votre recette) pour réaliser un fond de tarte. Pensez aussi à parfumer la pâte de ces crackers avec des épices telles que paprika, piment d'Espelette, cumin…

PIZZAS ORIENTALES AU ZAATAR

Méfiez-vous de certaines pizzas industrielles : sirops de glucose, fromage reconstitué, jambon injecté de phosphates, « faux fromage » se cachant sous le nom de « protéines végétales hydrolysées » et « lactosérum », colorants alimentaires... On est très loin de la véritable pizza italienne cuite au feu de bois ! Optez pour une version atypique, saine et gourmande !

Préparation : 25 minutes • Cuisson : 30 minutes

Ingrédients pour 4 personnes

4 pains pita
8 cuillerées à soupe de mélange zaatar
2 tomates Cœur-de-Bœuf
2 oignons
1 bouquet de coriandre
5 cuillerées à soupe d'huile d'olive
2 cuillerées à soupe de vinaigre de cidre
1 cuillerée à soupe de sirop d'agave
Sel, poivre du moulin

1. Préchauffez le four à 200 °C (th. 6-7).
2. Pelez et coupez les oignons en rondelles. Faites-les revenir à feu moyen dans une poêle avec 1 cuillerée à soupe d'huile d'olive jusqu'à ce qu'ils deviennent translucides. Ajoutez le sirop d'agave, le vinaigre et 2 cuillerées à soupe d'eau. Baissez le feu, couvrez et laissez compoter 15 à 20 minutes en remuant de temps en temps.
3. Répartissez le reste d'huile d'olive sur les pains pita et étalez le mélange zaatar. Disposez les pains sur une plaque de cuisson recouverte de papier cuisson. Enfournez et faites cuire 5 minutes.
4. Lavez la tomate, épépinez-la et coupez-la en fines rondelles.
5. Sortez les pains du four puis garnissez-les de compotée d'oignons et de rondelles de tomate.
6. Parsemez de tiges de coriandre ; salez et poivrez légèrement. Servez aussitôt.

ASTUCE
Le zaatar est un mélange d'épices et d'herbes comme du thym, de l'origan, du sumac, du sésame... Il peut être utilisé pour parfumer viandes, poissons, légumes...

MAKIS DE LÉGUMES À LA MANGUE

Préparation : 30 minutes • Repos : 30 minutes • Cuisson : 30 minutes

Ingrédients pour 4 personnes
4 tasses de riz à sushi
½ mangue
½ avocat
1 concombre
Le jus d'1 citron
4 feuilles d'algues séchées nori pour makis
30 g de graines de sésame noir
Wasabi
Sauce soja
4 cuillerées à soupe de vinaigre de riz
Sel

1. Rincez le riz plusieurs fois dans une passoire et laissez-le s'égoutter 30 minutes.
2. Déposez le riz dans une casserole avec 4 tasses d'eau, couvrez et portez à ébullition pendant 5 minutes. Baissez le feu et continuez la cuisson 25 minutes. Ajoutez ensuite le vinaigre de riz. Retirez du feu et laissez reposer à couvert.
3. Épluchez et dénoyautez la mangue et l'avocat. Citronnez l'avocat pour éviter qu'il noircisse. Lavez le concombre et ôtez les graines. Coupez le tout en bâtonnets très fins.
4. Salez le riz et mélangez. Sur une natte en bambou (ou un torchon), déposez 1 feuille d'algue. Humectez vos doigts et recouvrez l'algue d'une fine couche de riz, en tassant. Déposez des bâtonnets de légumes en une ligne horizontale au centre de la feuille. Ajoutez une pointe de wasabi puis enroulez la feuille avec la natte en serrant bien pour maintenir la garniture. Appuyez puis déroulez la natte.
5. Avec un couteau bien aiguisé et humidifié, découpez des tronçons de 3 cm de long. Réalisez ainsi les autres makis. Servez avec la sauce soja et le reste de wasabi.

LES SALADES

SALADE DE BETTERAVES MULTICOLORES, GRENADE ET NOIX

Pour éviter les salades industrielles.

Préparation : 30 minutes • Cuisson : 1 heure

Ingrédients pour 4 personnes

1 betterave jaune crue
1 betterave blanche crue
1 betterave chioggia crue
1 betterave crapaudine crue
30 g de noix
1 grenade
100 g de quinoa rouge
100 g de quinoa blanc
2 cuillerées à soupe de sirop d'érable
1 cuillerée à soupe de vinaigre de cidre
3 cuillerées à soupe d'huile de noix
Sel, poivre du moulin

1. Lavez les betteraves et faites-les cuire à l'eau bouillante pendant 1 heure environ jusqu'à ce qu'un couteau s'enfonce facilement dans la chair.
2. Dans une poêle, faites chauffer le sirop d'érable afin de bien le liquéfier. Ajoutez les noix et remuez pour bien les enrober. Faites chauffer 3 à 5 minutes jusqu'à ce que le sirop commence à cristalliser. Débarrassez les noix sur une feuille de papier cuisson. Laissez refroidir.
3. Faites cuire les quinoas ensemble dans une casserole d'eau (2 fois leur volume) 12 minutes à couvert. Égouttez si besoin et laissez refroidir.
4. Dans un bol, mélangez l'huile, le vinaigre, du sel et du poivre.
5. Ouvrez la grenade et récupérez les graines.
6. Égouttez les betteraves et pelez-les. Coupez-les en cubes.
7. Dans un saladier, mélangez les quinoas, les cubes de betterave et les graines de grenade. Arrosez de vinaigrette et parsemez de noix caramélisées hachées. Servez bien frais.
8. Vous pouvez remplacer les noix par des noix de macadamia.

ASTUCE

Un pique-nique improvisé ? Optez pour la « salade-jar » ! Prenez un bocal en verre type Le parfait®, versez la sauce au fond du bocal, ajoutez le reste des ingrédients et emportez-le avec vous au boulot ou en balade. Avant de consommer, retournez le bocal quelques instant pour que la sauce se mélange au reste des ingrédients.

COOKIES AU CHOCOLAT NOIR, FLOCONS D'AVOINE ET COCO

Préparation : 15 minutes • Repos : 15 minutes • Cuisson : 16 minutes

Ingrédients pour 4 personnes (12 cookies environ)

100 g de chocolat noir (70 % de cacao minimum)
80 g de flocons d'avoine
30 g de noix de coco râpée
60 g de farine
¼ de cuillerée à café de bicarbonate de soude
2 cuillerées à café d'extrait de vanille
1 cuillerée à soupe de graines de lin
100 g de Rapadura® (sucre de canne complet)
6 cl d'huile de coco solide
1 pincée de sel

1. Préchauffez le four à 190 °C (th. 6-7).

2. Mixez les graines de lin. Ajoutez 4 cl d'eau et mixez à nouveau pour obtenir une pâte. Laissez reposer 5 minutes.

3. Faites fondre l'huile de coco dans une petite casserole sur feu doux.

4. Dans un saladier, mélangez la pâte de lin avec le sucre rapadura, l'huile de coco et l'extrait de vanille.

5. Dans un second saladier, mélangez la farine, le bicarbonate et le sel. Versez dans le premier saladier et mélangez. Ajoutez le chocolat concassé, les flocons d'avoine et la noix de coco râpée. Mélangez afin d'obtenir une pâte homogène. Placez 15 minutes au réfrigérateur.

6. Avec la préparation, façonnez des boules de pâte entre la paume de vos mains. Déposez-les sur une plaque de cuisson recouverte de papier cuisson en les espaçant. Aplatissez-les légèrement. Enfournez et faites cuire 16 minutes en surveillant bien.

7. Laissez refroidir les cookies sur une grille. Dégustez-les de préférence le jour même pour plus de croustillant ou placez-les dans une boîte hermétique jusqu'au lendemain.

ASTUCE
Pour des cookies encore plus croustillants, remplacez les flocons d'avoine par du riz soufflé. Les enfants vont adorer !

GREEN DRINKING

Depuis des années, je suis adepte des jus et des smoothies maison. Ces boissons sont bénéfiques pour notre santé et nous permettent d'avoir notre quota de fruits et légumes au quotidien, sans même nous en rendre compte.

Que vous ayez la Rolls-Royce des extracteurs de jus, une centrifugeuse ou un simple blender, vous pourrez vous préparer des cocktails dynamisants qui vous apporteront gourmandise et bien-être, et tout ça sans emballages !

L'extracteur de jus

L'extracteur sert à réaliser des jus tout en conservant leurs nutriments au maximum, contrairement à la centrifugeuse et à l'extracteur à vapeur.

Les jus du commerce sont la plupart du temps obtenus avec des fruits traités puis transformés, souvent à base de concentrés de fruits. Ils contiennent des additifs (sucre, colorants, conservateurs...) et sont en plus pasteurisés.

En consommant des jus de fruits et légumes frais, vous faites le plein de :

- vitamines, boosters d'énergie
- minéraux
- antioxydants protecteurs
- fibres bonnes pour le système digestif

Les commandements du green drinking

- Orientez-vous vers des fruits et légumes de saison (voir le calendrier p. 48-49).
- En hiver, gardez quelques sachets de fruits bio au congélateur (vous pouvez vous-même les congeler durant le printemps, cela coûte moins cher que de les acheter tout prêts au rayon surgelés).
- Évitez d'éplucher vos fruits et légumes : la plupart des vitamines sont concentrées dans la peau.
- Ne préparez pas vos smoothies et jus trop à l'avance. Ils s'oxydent et perdent de leurs bienfaits.

ASTUCE

Agrémentez vos smoothies de super-aliments pour apporter encore plus de nutriments : graines de chia, poudre d'açaï ou de maca...

SMOOTHIE POMME & CONCOMBRE

Il stimule et soulage le système digestif, renforce la flore intestinale, revitalise tout l'organisme et booste les défenses immunitaires.

Ingrédients pour 1 grand verre

1 pomme verte
½ concombre
1 cuillerée à soupe de jus de citron pressé
1 cuillerée à soupe de jus d'aloe véra
20 cl d'eau

1. Coupez la pomme en deux puis ôtez les pépins. Coupez-la grossièrement et déposez-la dans un blender.
2. Coupez le demi-concombre grossièrement et déposez-le également dans le bol du blender, avec tous les autres ingrédients. Mixez jusqu'à l'obtention d'un liquide crémeux et homogène.

SMOOTHIE BELLE PEAU

Pour un teint éclatant !

Ingrédients pour 1 grand verre

100 g de fraises fraîches
1 datte Medjool dénoyautée
25 g de noix de cajou (si possible trempées 4 heures puis égouttées)
10 cl d'eau

1. Lavez et équeutez les fraises. Déposez tous les ingrédients dans un blender puis mixez plusieurs minutes de façon à obtenir un smoothie bien homogène.

SMOOTHIE BONNE MINE

Ingrédients pour 1 grand verre

¼ d'ananas
1 petite carotte
1 pomme
15 cl d'eau
1 pincée d'urucum (facultatif)

1. Déposez tous les ingrédients dans un blender puis mixez plusieurs minutes de façon à obtenir un smoothie bien homogène.

SMOOTHIE POIRE & KALE

Ingrédients
pour 1 grand verre
50 g de kale
1 poire
20 cl d'eau

1. Ôtez la partie coriace du kale. Épépinez la poire. Déposez tous les ingrédients dans le bol d'un blender puis mixez plusieurs minutes de façon à obtenir un smoothie bien homogène.

SMOOTHIE GOURMAND FAÇON NUTELLA

Ingrédients
pour 1 grand verre
20 cl de boisson de noisette
½ banane
1 cuillerée à café de poudre de cacao cru

1. Versez tous les ingrédients dans un blender et mixez jusqu'à obtention d'un liquide crémeux et homogène.

SMOOTHIE VERT

Ingrédients
pour 1 grand verre
1 pomme verte
½ avocat
1 poignée d'épinards frais
2 dattes Medjool dénoyautées
5 feuilles de menthe fraîche
20 cl d'eau de coco

1. Coupez la pomme en deux et déposez-la dans un blender.
2. Ajoutez le reste des ingrédients et mixez jusqu'à obtention d'un smoothie homogène.

MES TISANES HOMEMADE

Dans mon armoire à pharmacie, vous trouverez quelques pots de confiture dans lesquels je garde précieusement mes plantes séchées. Je les récolte dans l'année ou les achète en sachets kraft puis les verse dans un bocal en verre de façon à conserver au mieux la saveur et les principes actifs de chaque plante. Retrouvez mes recettes de tisanes p. 93.

Les règles d'or des infusions

1. Choisissez des plantes de qualité : la qualité et le goût de l'infusion en dépendent.
2. Choisissez-les avec rigueur et de préférence sauvages ou bio.
3. Soyez prudent : toutes les plantes ne sont pas bonnes à être infusées. Certaines sont toxiques, comme l'aconit, l'arnica, la bourdaine, le buis, la busserole, le chèvrefeuille, le gui, le laurier-rose… Renseignez-vous sur l'innocuité de chaque plante que vous souhaitez utiliser en infusion.
4. N'ébouillantez pas vos plantes : certains principes actifs sont particulièrement sensibles à la chaleur. Utilisez une eau tout juste frémissante, à 90 °C.
5. Infusez à couvert afin d'emprisonner les principes actifs des plantes et de maintenir la boisson à température idéale.
6. Laissez infuser entre 5 et 10 minutes. Un peu de patience, votre infusion n'en sera que meilleure !

Quelques conseils pour cueillir vos plantes :

• Optez pour un panier en osier ou un sac en tissu.
• Ne cueillez pas vos plantes au bord des routes (gaz d'échappements), d'un champ de culture conventionnel (engrais et pesticides) ou dans des endroits trop pollués.
• Ne prélevez qu'une petite partie des plantes que vous trouvez et évitez de les déraciner pour leur laisser une chance de se reproduire.
• Soyez certain de ce que vous ramassez. En cas de doute, demandez conseil à votre pharmacien.
• Faites sécher vos plantes dans un déshydrateur, à basse température au four (60/80 °C) ou sur des clayettes (ou un linge propre) pendant 1 semaine, en prenant soin de les retourner tous les jours. Conservez-les ensuite dans un bocal en verre hermétique.

Plantes Nom botanique	Parties à infuser	Propriétés principales
Badiane *Illicium verum*	fruits	digestif
Basilic *Ocimum basilicum*	feuilles	antibactérien, galactogène
Bleuet *Centaurea cyanus*	fleurs	antibactérien, anti-inflammatoire
Cacao *Theobroma cacao*	fèves	antidépressif, antioxydant
Camomille romaine *Chamaemelum nobile* **Camomille matricaire** *Matricaria recutita*	fleurs	sédatif, calmant
Cannelle *Cinnamomum verum*	écorce	antispasmodique, tonique
Citronnelle *Cymbopogon citratus*	feuilles	anti-inflammatoire, antalgique
Framboisier *Rubus idaeus*	feuilles	digestif

Plantes Nom botanique	Parties à infuser	Propriétés principales
Gingembre *Zingiber officinale*	rhizomes	aphrodisiaque, digestif
Hibiscus *Hibiscus sabdariffa*	fleurs	tonique, diurétique
Jasmin *Jasminum officinale*	fleurs	sédatif
Lavande *Lavandula angustifolia*	fleurs	digestif, sédatif
Mauve *Malva sylvestris*	fleurs	laxatif, calmant
Menthe poivrée *Mentha x piperita*	feuilles	tonique, digestif
Oranger *Citrus sinensis*	feuilles et boutons	sédatif
Reine-des-prés *Filipendula ulmaria*	fleurs	diurétique
Rooibos *Aspalathus linearis*	parties aériennes	digestif, sédatif
Rose *Rosa*	boutons	aphrodisiaque, sédatif
Verveine *Verbena officinalis*	feuilles	digestif, diurétique

LES GOURMANDES

Pour 1 théière de 300 ml

Pomme & cannelle
1 cuillerée à soupe de pomme séchée en morceaux
+ 1 cuillerée à café de rooibos
+ 1 bâton de cannelle

Anis & fleur d'oranger
1 anis étoilé (badiane)
+ 3 morceaux d'écorce d'orange séchée
+ 2 cuillerées à café d'eau de fleur d'oranger
+ 1 cuillerée à café de miel d'oranger

Mauve & rose
4 fleurs de mauve
+ 2 boutons de rose
+ 1 cuillerée à café de tilleul séché

Hibiscus & cranberry
2 cuillerées à café de fleurs d'hibiscus
+ 5 cranberries séchées
+ 3 amandes émondées

Cacao mentholé
4 fèves de cacao
+ 1 cuillerée à café de rooibos
+ 5 feuilles de menthe fraîches
+ 1 cuillerée à café de pignons de pin
(concasser grossièrement les fèves de cacao en les plaçant dans un torchon et en tapant avec le fond d'une casserole ou un rouleau à pâtisserie)

LES BIEN-ÊTRE

Pour 1 théière de 300 ml

Anti-grippe
2 rondelles de gingembre frais
+ 1 cuillerée à café de fleurs de sureau
+ 1 cuillerée à café de thym
+ 1 cuillerée à café de miel

Digestive
5 feuilles de menthe fraîche
+ 1 cuillerée à café de feuilles de mélisse séchées
+ 1 cuillerée à café rase de graines de fenouil

Détox
1 cuillerée à café de fleurs d'hibiscus séchées + 1 cuillerée à café de sommités fleuries de reine-des-prés séchées + 1 cuillerée à café de feuilles d'artichaut

Minceur
1 cuillerée à café de pissenlit séché
+ 1 cuillerée à café d'écorce de bouleau séchée + 1 cuillerée à café d'écorce de citron séchée (ou une rondelle de citron frais)

Bonne nuit
1 cuillerée à café d'eau de fleur d'oranger + 1 cuillerée à café de verveine odorante séchée + 1/2 cuillerée à café de racine de valériane

TISANE
HIBISCUS & CRANBERRY

TISANE
MAUVE & ROSE

TISANE
ANIS & FLEUR D'ORANGER

CUISINER ANTI-GASPI

Ces quarante dernières années, la production de déchets ménagers a doublé et nous sommes entrés dans l'ère du « tout jetable ». Comment en sommes-nous arrivés là ? Nous produisons trop de déchets, qui nous coûtent cher et détruisent notre planète. La production de masse, les préparations industrielles et les grandes surfaces ont envahi nos vies ; les petits producteurs et les petits commerçants disparaissent peu à peu. Il est malgré tout possible de consommer moins, mais mieux ! C'est le but des recettes suivantes.

Le saviez-vous ?

Le gaspillage alimentaire, c'est quoi ?

Ce terme désigne tous les aliments qui auraient pu être consommés et sont finalement jetés ou perdus, de la production à la consommation. Cela va donc de la destruction d'un surplus de récolte aux restes de pâtes au fond de l'assiette !

En France, nous jetons en moyenne 20 kg de nourriture par an et par personne. Un tiers de la production agricole mondiale est perdue chaque année, ce qui représente 1,3 milliard de tonnes d'aliments.

Top 10 des conseils « anti-gaspi »

1. **PRIVILÉGIEZ LES CIRCUITS COURTS ET DE PROXIMITÉ** (voir p. 38)

2. **CHOISISSEZ DES FRUITS ET LÉGUMES NON CALIBRÉS**

3. **ACHETEZ DES PRODUITS DE SAISON** (voir calendrier p. 48-49)

4. **PLANIFIEZ LES REPAS DE LA SEMAINE ET FAITES LES COURSES AVEC UNE LISTE EN MAIN**

5. **NE FAITES PAS LES COURSES LE VENTRE VIDE (POUR ÉVITER LES ACHATS COMPULSIFS)**

6. **ACHETEZ PLUTÔT DES PRODUITS NON PRÉPARÉS, ÉVITEZ LES PRODUITS INDUSTRIELS**

7. **PRIVILÉGIEZ LE VRAC OU LES PRODUITS À LA COUPE (ACHETEZ JUSTE CE QU'IL FAUT)**

8. **FAITES ATTENTION AUX DATES DE PÉREMPTION**

9. **SI VOUS ACHETEZ EN GRANDE QUANTITÉ, CONGELEZ RAPIDEMENT CE QUE VOUS NE MANGEZ PAS**

10. **DEMANDEZ CONSEIL AU COMMERÇANT POUR BIEN CONSERVER SES PRODUITS**

Le bon réflexe

NE CONFONDEZ PAS DLC ET DLUO

Les produits alimentaires comportent une mention indiquant la date limite de consommation (DLC) ou la date limite d'utilisation optimale (DLUO).

LA DATE LIMITE DE CONSOMMATION (DLC)

Elle est indiquée sur les produits à conserver au frais par la mention « DLC » ou « à consommer jusqu'au ». Il est donc conseillé de respecter cette date car, au-delà, il peut y avoir un risque pour le consommateur. Notez qu'un produit non entamé peut être consommé quelques jours après la DLC sans grand risque. Un yaourt bien conservé peut largement être consommé quelques jours voire une semaine après la date indiquée (si l'odeur ou l'aspect du produit ne sont pas modifié…).

LA DATE LIMITE D'UTILISATION OPTIMALE (DLUO)

Elle est indiquée par la mention « DLUO » ou « à consommer de préférence avant le », on la retrouve sur les produits comme les pâtes, le riz, le sucre, les conserves, les produits surgelés, les biscuits, le chocolat… Lorsque cette date est dépassée, le produit peut être consommé, mais il se peut qu'il ait perdu en goût et en vitamines…

Le bon réflexe

REDONNEZ UN COUP DE JEUNE AUX LÉGUMES FLÉTRIS

Salade :

Faites-la tremper dans un grand volume d'eau tiède avec un morceau de sucre pendant 3 à 4 heures.

Légumes mous :

Coupez-les, lavez-les puis laissez-les tremper dans un grand volume d'eau au réfrigérateur jusqu'au lendemain. Ils seront de nouveau croquants.

Pommes flétries :

Arrosez-les avec un peu d'eau bouillante et laissez-les tremper pendant quelques minutes.

CUISINE ANTI-Gaspi

QUE FAIRE AVEC…?

LA PLUPART DES DÉCHETS ALIMENTAIRES QUI DEVRAIENT ÊTRE JETÉS PEUVENT ÊTRE RÉCUPÉRÉS, CUISINÉS OU DÉTOURNÉS.

Comme le disait M. Lavoisier : « Rien ne se perd, rien ne se crée, tout se transforme » ! Voici quelques idées pour détourner certains déchets d'une issue fatale !

Un surplus de tomates

Faites-les blanchir dans de l'eau chaude pendant quelques minutes, pelez-les et coupez-les en dés. Vous pouvez ensuite les congeler (en portions) ou confectionner des bocaux de sauce tomate.

Un citron utilisé

Frottez votre évier, la robinetterie, faites-le tremper dans du vinaigre blanc pour réaliser un vinaigre ménager parfumé.

Un reste de bouillon/jus

Pensez à le congeler dans des bacs à glaçons après l'avoir filtré.

Trop de légumes au potager

Coupez-les en morceaux puis blanchissez-les et congelez votre récolte en portions.

Du pain rassis

Tartines grillées, frottées avec une gousse d'ail… pain perdu, chapelure, croûtons.

Des légumes abîmés

Soupes, gratins, ratatouille, purées, tartes salées.

Des fanes de légumes (radis, carottes…)

Soupes, gaspachos, cakes, tartes, quiches.

Des épluchures

Chips, soupes, cakes, tartes.

Des écorces de citron, d'orange et d'autres agrumes

Prélevez et lavez soigneusement les zestes. Faites-les sécher au four à 100 °C (th. 3-4) pendant 1 heure (ou au déshydrateur si vous en avez un).
Utilisez-les tels quels pour parfumer votre thé ou tisane, ou réduisez-les en poudre pour les ajouter à vos préparations sucrées ou salées…
Vous pouvez aussi procéder ainsi : déposez-les dans un bocal en verre, couvrez de vinaigre d'alcool blanc et laissez macérer le mélange pendant 3 semaines. Filtrez.

Vous obtenez ainsi un vinaigre ménager parfumé, parfait pour le ménage écolo.

De l'eau de cuisson (riz, pâtes, légumes…)

Ne jetez pas l'eau de cuisson (non salée) utilisez-la pour arroser vos plantes une fois l'eau refroidie.

Des bananes trop mûres (noircies)

Mixez-les dans un smoothie, dans une pâte à gâteau pour la sucrer ou mélangez-les à un yaourt (voir la recette du cake à la banane p. 106).

Des baies fragiles (fraises, framboises, cassis…)

Déposez-les dans un plat puis sucrez-les pour les conserver plus longtemps.
Vous pouvez également en faire des smoothies et des confitures si elles sont trop abîmées pour être consommées crues.

Le marc de café

Versez du marc dans les canalisations et laissez agir avant de rincer. Il les nettoie et les désodorise.
Pour un gommage corporel, il suffit d'en mélanger avec un peu d'huile végétale et d'utiliser cette préparation en massages circulaires sous la douche.

Les sachets de thé

Déposez un sachet (tiède ou froid) sur vos yeux pour défatiguer le regard.

Les graines de fruits ou de légumes (melon, poivron, citrouille, butternut, potiron…)

Récupérez les graines, rincez-les et laissez-les sécher sur un linge propre.
Vous pourrez ainsi les replanter facilement au printemps.

Les noyaux d'avocats

Plantez trois cure-dents de part et d'autre d'un noyau et déposez-le sur un verre rempli d'eau (le noyau doit être à demi plongé dans l'eau).
Dans quelques semaines, il aura germé.
Vous pourrez alors le planter dans la terre et obtiendrez une plante d'intérieur, et d'ici quelques années vos propres avocats…

Les épluchures de carottes pour avoir bonne mine

Déposez les épluchures (propres) dans un bocal, couvrez avec de l'huile de pépins de raisin et laissez macérer pendant 3 semaines en remettant de l'huile tous les jours. Filtrez et utilisez cette huile en soin « préparateur solaire » (attention, elle peut s'avérer comédogène en soin du visage).

> **Vous pouvez aussi réaliser des chips** avec les épluchures de carottes (et autres légumes). Lavez-les bien. Dans une assiette, déposez quelques cuillerées à soupe de farine et faites rouler délicatement les épluchures dedans. Faites chauffer un peu d'huile dans un wok ou une poêle et faites frire les épluchures pour obtenir des chips.

Les coquilles d'œufs

Réduisez-les en miettes et déposez-les au pied de vos plantes ou au potager pour faire fuir les nuisibles rampants (les limaces, par exemple). Vous pouvez également vous en servir d'abrasif dans vos produits ménagers (voir p. 30).

Les peaux de bananes

Frottez vos chaussures ou votre sac en cuir avec l'intérieur d'une peau de banane pour les rendre plus brillants.
Réalisez un vinaigre de banane, parfait pour relever vos salades. Il suffit de faire macérer des peaux de bananes bien lavées dans un bocal rempli de vinaigre de cidre de pomme pendant une semaine. Filtrez le mélange.

Les feuilles de rhubarbe

Faites macérer des feuilles de rhubarbe dans un peu d'eau et vaporisez la mixture au potager pour vous débarrasser des pucerons (attention, n'ingérez pas les feuilles de rhubarbe qui sont toxiques).

Les cosses (petits pois, fèves, pois...)

Les cosses de petits pois se dégustent en potages ou veloutés, mixés.

Les fanes (de carottes, radis, navets...)

Elles apportent de la saveur à vos soupes et veloutés. Crues et finement hachées, ces fanes peuvent également agrémenter salades et plats cuisinés. Vous pouvez aussi en faire un pesto.

> **Les fanes de betteraves**
> Réalisez un pesto avec 1 grosse poignée de fanes de betterave, 2 gousses d'ail dégermé, 1 poignée de pignons de pin et 20 ml d'huile d'olive.
> Faites torréfier les pignons de pin à sec dans une poêle. Mixez ensuite tous les ingrédients dans un robot.

Les racines de poireaux

Lavez-les bien puis faites-les frire pendant quelques secondes dans une huile bien chaude pour obtenir des vermicelles croustillants, parfaits pour agrémenter vos plats ou à déguster à l'heure de l'apéritif.

Les pelures de pommes et de poires

Séchées au four ou au déshydrateur, ce sont des chips gourmandes à déguster à l'heure du goûter. Vous pouvez également vous en servir pour aromatiser vos boissons ou vos tisanes agrémentées d'un peu de miel, d'une pincée de cannelle ou de quelques gouttes de jus de citron. Pensez également à en faire de la marmelade ou de la gelée pour tartiner votre pain (voir ci-dessous « Trognons de fruits »). Conservez-les dans un bocal hermétique.

Les trognons de fruits (pommes, poires)

Ils sont riches en pectine (ainsi que les épluchures), et sont donc parfaits pour réaliser des gelées et marmelades en un tour de main (voir recette p. 109).

Les épluchures de pommes de terre

Les épluchures fines de pommes de terre peuvent servir à réaliser des chips en les passant pendant quelques secondes dans l'huile chaude.

Vous pouvez ajouter une pincée de fleur de sel, et pourquoi pas quelques aromates (thym et/ou romarin...) ou une pincée de paprika ou de piment d'Espelette pour les aromatiser. Elles peuvent également être incorporées à une soupe.

Les pépins de courges

Après avoir dégusté la courge, récupérez les pépins puis rincez-les. Vous pouvez ensuite les laisser sécher sur un torchon, mais l'idéal est de les blanchir pendant 5 minutes à l'eau bouillante puis de les égoutter quelques secondes. Faites-les griller dans une poêle à sec avec un peu de sel et des épices (avec une pincée de curry en poudre par exemple). Vous obtiendrez de petites graines à déguster à l'heure de l'apéritif ou pour agrémenter vos salades.

Les os et carcasses

Récupérez les os de veau, de bœuf et de volaille pour faire des bouillons maison. Faites revenir le tout dans une casserole à feu vif avec un fond d'huile végétale, puis déglacez avec un verre de vin blanc (ou rouge) puis couvrez d'eau. Laissez réduire à couvert à feu moyen. Assaisonnez selon vos goûts (bouquet garni, sauge, thym, romarin...).

Les têtes de poissons

Les têtes des grands poissons (saumon, cabillaud, raie...) sont riches en chair utilisable dans les soupes, les sauces ou autres.

Les arêtes et peaux de poissons

Réalisez un fumet (bouillon de poisson) avec la tête, les arêtes, les nageoires et la peau non écaillée des poissons. Ce fumet est très utile pour les sauces.

Mémo green

DES IDÉES POUR ACCOMMODER LES RESTES ?

Vous ne savez pas quoi faire de vos restes… Il existe des sites qui vont vous permettre de trouver en 3 clics une recette de cuisine ludique pour accommoder les restes de votre réfrigérateur ou de vos placards :
www.lebruitdufrigo.fr ; www.quecuisiner.fr ; www.marmiton.org ; www.750g.com

TROP DE RIZ

(De même avec les céréales et les pseudo-céréales : quinoa, semoule, boulgour, blé entier, sarrasin, kasha, fonio…) Salade de riz, riz sautés, sushis, makis, chirashi, riz au lait (voir p. 110), croquettes de riz (arancini), riz cantonais, riz frit, paella, risotto, gratin de riz aux légumes, couscous, taboulé, gâteau de semoule, gâteau de riz…

TROP DE PÂTES

(Toutes formes de pâtes : penne, coquillettes, spaghettis…) Gratin, crumble de pâtes, croquettes de pâtes (voir p. 107), en soupe/potage, en sauce (bolognaise, carbonara, sauce aux légumes…), salade de pâtes…

TROP DE PAIN

Croûtons, pain perdu (p. 107), chapelure, pain grillé, tartine grillée à l'ail et huile d'olive, bruschettas, pain de viande, dans des farces (le pain apporte du moelleux), puddings…

TROP DE LÉGUMES

Ratatouille, salade de légumes, cake, quiche, tarte, clafoutis salés, coulis (voir p. 108), sauce pour pâtes/pizza, pizza aux légumes, pissaladière, tourte, gratin, cupcake de légumes, terrine, omelette de légumes, purée de légumes…

RESTES D'ŒUF (BLANCS, JAUNES, ŒUFS DURS…)

Œufs mimosa, crème anglaise, île flottante, œufs Bénédicte, gratin de légumes aux œufs, œufs brouillés, omelette, œufs cocotte, gâteaux (cake, mousse, moelleux…)…

RESTES DE VIANDES (VIANDES ROUGES, VOLAILLES, CARCASSES…)

Pot-au-feu, fond de sauce, bouillon, farce (hachis Parmentier, cannelloni, tomates ou légumes farcis… avec les restes de viande émiettés)…

TROP DE LÉGUMINEUSES (LENTILLES, POIS CHICHES…)

Salade, terrine, purée, farces, pâté végétal, houmous, dips, pois chiches toastés au four (avec des épices, à déguster à l'apéro), verrine…

TROP DE FRUITS

Confiture, gelée de fruit (p. 109), pâte de fruits, smoothie, gratin de fruits, clafoutis, cake, tarte, jus, purée, compote…

BIEN DOSER, LA CLÉ DE L'« ANTI-GASPI »

Le verre à moutarde, l'ustensile idéal (et économique) pour bien doser.

1 verre à moutarde correspond à :

- 20 cl ou 200 ml de liquide (eau, lait, jus, huile, crème liquide...)
- 120 g de farine
- 180 g de riz cru
- 150 g de sucre semoule...

LA BONNE DOSE PAR PERSONNE (PESÉ À SEC)

CAROTTE	1,5 par personne
COURGETTE	2 par personne
CRUDITÉS, SALADE VERTE, LAITUE, TOMATES...	Environ 80 à 100 g (1 bol)
ESCALOPE (POULET/DINDE)	120 à 150 g par personne
FROMAGE	30 g
HARICOT VERT	170 g (ou 1 poignée) par personne
LÉGUMINEUSES LENTILLES, POIS CASSÉS, POIS CHICHES...	Environ 60 g (3 cuillerées à soupe remplies)
PÂTES	50 g en accompagnement 100 g en plat principal
POISSON	200 à 250 g/ personne
POISSONS	150 g
POMME DE TERRE (DE TAILLE MOYENNE)	2 ou 3 par personne
RIZ (CRU)	60 g par personne
RIZ, SEMOULE, BOULGOUR...	Environ 70 g (½ verre à moutarde)
SEMOULE OU COUSCOUS	75 g par personne
VIANDES	130 à 150 g (pesée sans os)
VIANDE HACHÉE	70 g par personne

RECETTES "ANTI-GASPI"

CAKE À LA BANANE

Pour cuisiner des bananes trop mûres...

Ingrédients pour 1 moule à cake (6 à 8 personnes)
3 bananes bien mûres
1 œuf
230 g de farine d'épeautre (ou blé)
70 g d'amandes en poudre
¼ de cuillerée à café
de bicarbonate de soude
+ quelques gouttes de citron
Vanille en poudre
(ou extrait de vanille liquide)
80 ml de boisson végétale
80 ml d'huile de coco fondue
120 g de sucre complet
Une pincée de sel

1. Préchauffez le four à 165 °C (th. 5-6). Écrasez à la fourchette les bananes jusqu'à ce qu'elles soient bien liquides puis ajoutez le reste des ingrédients un à un.
2. Versez dans un moule et enfournez pour 45 minutes. Vérifiez la cuisson en enfonçant un couteau dans le gâteau. Si la lame ressort sèche, le gâteau est cuit.

MUFFINS FAÇON CARROT CAKE

Pour cuisiner des carottes abîmées...

Ingrédients pour une dizaine de muffins
4 carottes
1 banane bien mûre
1 cuillerée à café de cannelle
en poudre
200 g de farine d'épeautre
1 cuillerée à soupe de poudre à lever
sans phosphates
50 g d'huile de coco
150 g de sucre de canne
1 pincée de sel

1. Lavez puis râpez les carottes, écrasez la banane puis ajoutez le reste des ingrédients.
2. Versez dans des moules à muffins puis enfournez à 180 °C (th. 6) pour 15 minutes.

PAIN PERDU

Pour du pain rassis...

Ingrédients pour 4 personnes
½ baguette rassie
½ litre de boisson de riz
(ou lait de vache en fonction
de vos habitudes)
2 œufs
De la cannelle
2 à 3 cuillerées à soupe
de rhum blanc
Margarine végétale pour cuisson
(ou du beurre)
2 cuillerées à soupe de sucre blond
de canne (non raffiné)
1 sachet de sucre vanillé

1. Coupez le pain en tranches de 2 cm d'épaisseur.
2. Dans un saladier, mélangez le reste des ingrédients et battez à la fourchette. Trempez-y les morceaux de pain le temps qu'ils soient bien imbibés.
3. Faites chauffer une noisette de margarine végétale spéciale cuisson (ou du beurre) dans une poêle, et faites revenir les morceaux pendant 1 à 2 minutes de chaque côté.

SOUPE DE LÉGUMES

Pour ne pas perdre épluchures, fanes, vert de poireaux, légumes mous ou abîmés...

Ingrédients
Des restes de légumes
1 ou 2 pommes de terre
(si vous souhaitez
une soupe plus épaisse)
1 cube de bouillon

1. Lavez et coupez vos légumes crus. Couvrez d'eau. Ajoutez votre cube de bouillon de légumes et laissez cuire 30 à 40 minutes.
2. Mixez et servez chaud.

CROQUETTES DE PÂTES

Pour accommoder les restes de pâtes.

Ingrédients
1 grande assiette de
restes de pâtes déjà cuites
(un reste de coquillettes
par exemple)
1 cuillerée à soupe de
farine (blé, épeautre, riz...)
1 œuf bio
150 ml de boisson de riz
(ou lait de vache)
Emmental râpé (facultatif)
Sel et poivre

1. Mélangez la farine, l'œuf, le lait (ou la boisson de riz) pour obtenir une pâte.
2. Ajoutez les pâtes et l'emmental râpé.
3. Faites des petits tas à l'aide de deux cuillerées à soupe et faites-les cuire dans une poêle préalablement huilée quelques minutes de chaque côté.

COULIS DE TOMATES

Pour cuisiner les tomates abîmées.

Ingrédients pour 1 bocal en verre de 250 ml
1,5 kg de tomates bien mûres
3 dattes
1 oignon
1 gousse d'ail
1 pincée de thym ou d'origan
1 petite branche de romarin
1 pincée de quatre-épices
1 bonne cuillerée à soupe d'huile d'olive
Sel, poivre

1. Coupez les tomates grossièrement. Émincez l'oignon puis écrasez la gousse d'ail et ôtez le germe. Faites-les revenir dans l'huile d'olive à feu modéré pendant 3 minutes.
2. Ajoutez les morceaux de tomates, les herbes, les épices, les dattes dénoyautées, du sel et du poivre.
3. Faites cuire doucement pendant une trentaine de minutes. Mixez et remplissez les bocaux, fermez-les puis retournez-les jusqu'à ce qu'ils aient totalement refroidi.

CRUMBLE DE LÉGUMES

Pour cuisiner des légumes abîmés.

Ingrédients
2 courgettes
3 poivrons
2 oignons
Huile d'olive
Pour la pâte à crumble salée
4 cuillerées à soupe de polenta
2 cuillerées à soupe d'amandes réduites en poudre
2 cuillerées à soupe de graines au choix (courge, tournesol…)
1 belle pincée de thym frais
4 cuillerées à soupe d'huile d'olive

1. Préchauffez le four à 200 °C (th. 6-7). Lavez et coupez les légumes en rondelles fines. Déposez les légumes en alternance dans un plat à gratin. Salez légèrement et arrosez d'un filet d'huile d'olive. Mettez au four pour 30 minutes.
2. Préparez le crumble en mélangeant tous les ingrédients du bout des doigts. Ajoutez la pâte à crumble sur les légumes puis remettez au four pour 30 minutes.

PORRIDGE CHOCO-NOISETTE

Pour cuisiner des bananes trop mûres…

Ingrédients (pour 1 grand bol)

50 g de flocons de céréales au choix (sarrasin, quinoa, avoine…)
1 banane
170 ml de boisson de noisettes
1 cuillerée à soupe de cacao en poudre (non sucré et cru de préférence)
1 cuillerée à soupe de sucrant au choix (agave, sucre de coco, sucre blond de canne …)

1. Dans une casserole, mettez à chauffer la boisson végétale avec les flocons de céréales une demi-banane coupée en petits morceaux, le sucrant et le cacao.
2. Faites cuire à feu doux en mélangeant de temps en temps jusqu'à ce que les flocons absorbent toute la boisson végétale.
3. Versez dans un bol, puis ajoutez le reste de la banane en rondelles et quelques noisettes concassées.

GLACE MINUTE À LA BANANE

Pour ne pas perdre les bananes, congelez-les (sans leur peau et coupées en deux ou trois)

Ingrédients

1 banane mûre congelée
1 poignée de fraises
1 cuillerée à café de sirop d'agave (à ajuster en fonction du goût sucré des bananes…)

1. Lavez soigneusement les fraises et équeutez-les.
2. Placez-les dans le congélateur 30 minutes ou une heure avant.
3. Mixez tous les ingrédients pendant quelques secondes dans un blender à la puissance maximale. Ne prolongez pas le mixage sous peine de faire fondre la glace. Dégustez instantanément !

GELÉE DE POMME

Ingrédients

Épluchures, trognons et pépins de 5 pommes bio (ou poires)
Eau
1 jus de citron
Sucre blond de canne

1. Placez les trognons et épluchures dans une casserole, ajoutez le jus de citron (il va permettre une bonne conservation) puis couvrez d'eau. Laissez mijoter pendant 1 heure à feu doux et à couvert.
2. Passez cette préparation au chinois pour recueillir le jus. Pesez le jus et ajoutez 80 % de son poids en sucre blond de canne.
3. Portez la gelée à ébullition et laissez cuire 30 minutes à couvert et à feu doux en remuant de temps en temps. Versez la préparation dans des pots propres et stérilisés, et retournez-les pendant 10 minutes. Conservez-les dans un endroit sec à l'abri de la lumière.

RIZ AU LAIT VANILLÉ

Pour accommoder les restes de riz.

Ingrédients
150 g de restes de riz (déjà cuit)
½ cuillerée à café d'extrait de vanille naturel
25 cl de lait d'amande
20 g de sucre de coco

1. Mélangez tous les ingrédients dans une casserole et faites cuire à feu doux pendant 15 minutes. Versez dans des ramequins et conservez au frais.

CRUMBLE DE FRUITS

Pour cuisiner les fruits très ou trop mûrs...

Ingrédients
500 g de fruits (pêches, pommes, poires, bananes, fraises... en fonction de ce que vous avez)
150 g de farine d'épeautre (ou blé)
75 g de purée d'amandes (ou de beurre)
100 g de sucre de coco (ou sucre blond)

1. Coupez les fruits en morceaux grossiers et disposez-les dans un plat allant au four (type plat à gratin).
2. Dans un saladier, mélangez du bout des doigts la farine, la purée d'amandes et le sucre de coco, et versez le mélange sur les fruits. Enfournez à 180 °C (th. 6) pour 30 minutes.

MENUS ZÉRO DÉCHET

Ces quarante dernières années, la production de déchets ménagers a doublé, nous sommes entrés dans l'ère du « tout jetable ». Nous produisons trop de déchets, qui nous coûtent cher et détruisent notre planète. La production de masse, les préparations industrielles et les grandes surfaces ont envahi nos vies ; les petits producteurs et les petits commerçants disparaissent peu à peu.

Il est malgré tout possible aujourd'hui de consommer moins, mais mieux. C'est ce que je voulais vous proposer avec ces recettes, véritable kit « clé en main » de courses zéro déchet :

- Des listes de courses précises pour réaliser des menus pour toute la semaine et éviter d'acheter trop, de gâcher, de jeter.

- Des recettes classées par saison privilégiant le bio, le local, le vrac, tout en minimisant la consommation de lait, viande, œufs et produits raffinés et en évitant les emballages.

- Des conseils et des astuces pour consommer moins et mieux.

Tous ensemble nous sommes acteurs de notre consommation et nous avons le pouvoir de changer les choses !

PLANNING DU MENU

LUNDI

Matin
Granola choco-coco, boisson végétale et kiwi
Midi
Clafoutis endives et parmesan
Brownie healthy
Soir
Dahl de poulet aux lentilles corail
Pomme

MARDI

Matin
Muffin épeautre-chocolat
Midi
Sushi bowl au riz complet
Crème libanaise à la fleur d'oranger
Soir
Gratin « comme dans les îles » salade verte
Esquimau menthe-citron

MERCREDI

Matin
Granola choco-coco, boisson végétale et kiwi
Midi
Wrap complet de crudités
Brownie healthy
Soir
Tajine de boulettes de bœuf et semoule complète
Crème libanaise à la fleur d'oranger

JEUDI

Matin
Madeleines au citron sans gluten
Midi
Quinoa aux pois chiches et oignons caramélisés
Esquimau menthe-citron
Soir
Risotto de coquillettes complètes aux asperges
Kiwi

VENDREDI

Matin
Porridge aux flocons d'épeautre, dattes et miel
Midi
Falafels au four et salade concombre-radis
Brownie healthy
Soir
Morue à la sauce aïoli
Esquimau menthe-citron

SAMEDI

Matin
Pancakes au sarrasin, miel, mandarine
Midi
Galette végétarienne carotte - chèvre frais, salade de crudités
Crème libanaise à la fleur d'oranger
Soir
Gratin de pâtes aux épinards
Kiwi

DIMANCHE : PIQUE-NIQUE PRINTANIER

Terrine de poulet aux herbes fraîches et pain de campagne • Salade de petit épeautre • Sablés aux figues de notre enfance • Citronnade

PRINTEMPS

LISTE DE COURSES

Placard
Bicarbonate alimentaire, sel, poivre, vinaigre balsamique, huile d'olive, huile de tournesol, curry, paprika, cumin, herbes de Provence, graines de sésame

Rayon vrac
Cassonade : 50 g
Coquillettes complètes : 400 g
Dattes : 2
Farine d'épeautre semi-complète : 950 g
Farine de riz complet : 150 g
Farine de sarrasin : 100 g
Fécule de maïs : 50 g
Figues séchées : 12
Flocons d'avoine : 170 g
Flocons d'épeautre : 100 g
Lentilles corail : 200 g
Noix de coco râpée : 30 g
Œufs : 16
Penne complètes : 400 g
Petit épeautre : 200 g
Pistoles de chocolat noir : 300 g
Pois chiches : 350 g
Quinoa : 200 g
Riz rond complet : 300 g
Semoule à couscous complète : 200 g
Sucre complet : 300 g

Chez le fromager
Beurre : 90 g
Chèvre frais : 100 g
Comté : 50 g
Emmental : 50 g
Feta : 100 g
Parmesan : 100 g

Chez le poissonnier
Morue salée : 1 kg
Pavés de saumon : 4

Fruits et légumes
Ail : 1 tête
Asperges : 1 botte
Avocats : 4
Banane : 1
Bouquet garni : 1
Carottes : 22
Chou rouge : ¼
Chou-fleur : 1
Ciboulette : 2 bouquets
Citrons : 7
Concombres : 2
Endives : 4
Épinards : 1 kg
Jeunes pousses : 50 g
Kiwis : 16
Mandarines : 4
Menthe : 1 petit bouquet
Oignons : 10
Oignon blanc : 1
Panais : 2
Persil : 2 bouquets
Pommes : 4
Pommes de terre : 13
Radis : 1 botte

Chez le boucher
Blancs de poulet : 1 kg
Petit salé coupé en lardons : 200 g
Viande hachée de bœuf : 500 g

Épicerie
Boisson végétale : 1 l de lait d'amande + 2 l au choix (voir p. 119)
Crème de soja : 60 cl (voir p. 150)
Eau de fleur d'oranger : 1 bouteille en verre de 1 l pour toute l'année
Lait de coco : 1 brique de 20 cl
Miel : 1 pot en verre de 250 g
Tomates concassées : 400 g en bocal

PETITS DÉJEUNERS

MUFFINS ÉPEAUTRE-CHOCOLAT

Pour 12 muffins

170 g de farine d'épeautre semi-complète
60 g de sucre muscovado
1 pincée de bicarbonate alimentaire
50 g d'huile d'olive + 1 cuillerée à soupe pour les moules
25 cl de boisson végétale
1 banane écrasée
50 g de pistoles de chocolat
1 pincée de sel

1. Préchauffez le four à 180 °C (th. 6).
2. Dans un saladier, versez la farine, le sucre, le bicarbonate et le sel. Ajoutez l'huile d'olive ainsi que la boisson végétale et remuez pour obtenir une pâte homogène. Incorporez la banane écrasée et le chocolat.
3. Versez dans des moules à muffins préalablement huilés et faites cuire 20 minutes au four.
4. Vous pouvez préparer plusieurs fournées de muffins à l'avance et les congeler dans des boîtes à gâteaux en fer. Au moment de les déguster, il suffira de les réchauffer quelques minutes au four.

MADELEINES AU CITRON SANS GLUTEN

Pour 16 madeleines

100 g de miel
2 œufs
40 g d'huile d'olive
+ 1 cuillerée à soupe pour les moules
1 citron bio
150 g de farine de riz complet
1 pincée de bicarbonate alimentaire

1. Préchauffez le four à 180 °C (th. 6).
2. Dans un saladier, mélangez le miel et les œufs puis incorporez l'huile d'olive. Râpez le zeste du citron, puis pressez le citron pour en récupérer le jus. Incorporez les deux à la pâte.
3. Ajoutez la farine et le bicarbonate et mélangez pour obtenir une préparation homogène.
4. Versez 1 cuillerée à soupe de pâte dans chaque empreinte à madeleine préalablement huilée et faites cuire 12 minutes au four.
5. Si vous choisissez l'option moule à muffins, n'hésitez pas à les remplir un peu plus et faites cuire 14 minutes.

GRANOLA CHOCO-COCO

Pour 8 portions
(2 petits déjeuners de 4 personnes)

140 g de flocons d'avoine
100 g de flocons de petit épeautre
30 g de noix de coco râpée
40 g de pistoles de chocolat hachées au couteau
3 cuillerées à soupe de miel
2 cuillerées à soupe d'huile d'olive + pour la plaque

1. Préchauffez le four à 160 °C (th. 5-6).
2. Versez tous les ingrédients dans un saladier et mélangez à la main jusqu'à ce que les ingrédients secs soient bien imprégnés d'huile et de miel.
3. Répartissez le mélange sur une plaque de four huilée, en prenant soin de bien l'étaler. Faites cuire 30 minutes au four, en mélangeant à mi-cuisson.
4. Une fois le granola refroidi, transvasez dans un pot en verre et conservez à l'abri de l'humidité.

PORRIDGE AUX FLOCONS D'ÉPEAUTRE, DATTES ET MIEL

Pour 1 bol

2 dattes
30 g de flocons d'avoine
15 cl de boisson végétale
1 cuillerée à café de miel

1. Dénoyautez les dattes et coupez-les en petits cubes.
2. Dans une casserole, mélangez les flocons avec le lait, puis ajoutez les dattes et le miel.
3. Faites cuire 5 minutes à feu doux.
4. Multipliez les ingrédients par le nombre de gourmands présents au petit déjeuner. Si vous êtes nombreux, je vous recommande plutôt l'option « grande casserole » qui vous permettra de cuire toutes les portions en même temps. Dans ce cas, ajustez le temps de cuisson. Quand les flocons d'avoine sont bien gonflés et que le lait est absorbé, c'est prêt !

PANCAKES AU SARRASIN

Pour 8 pancakes

100 g de farine de sarrasin
1 pincée de bicarbonate alimentaire
1 œuf
15 cl de boisson végétale
Huile de tournesol pour la crêpière

1. Versez la farine et le bicarbonate dans un saladier. Ajoutez l'œuf et la boisson végétale puis mélangez vivement au fouet pour obtenir une préparation sans grumeaux.
2. Faites chauffer une crêpière sur feu modéré et graissez avec un peu d'huile. Déposez de petits tas (une bonne cuillerée à soupe par pancake) dans la poêle et laissez cuire 1 minute. Retournez à la spatule pour cuire l'autre face.

Dégustez avec du miel et une mandarine !

Et si vous faisiez vos boissons végétales ?

Boisson au soja

½ verre de soja jaune - Eau de trempage - 5 verres d'eau

1. Mettez le soja jaune à tremper toute la nuit dans un grand volume d'eau. Le lendemain, il aura doublé de volume.
2. Égouttez-le et jetez l'eau de trempage. Dans une casserole, mettez le soja et 5 verres d'eau.
3. Portez à ébullition et laissez cuire 15 minutes. Mixez l'ensemble dans un blender pour obtenir une préparation homogène.
4. Filtrez le liquide à travers un linge ou une passoire très fine pour récupérer la boisson au soja.

Boisson à l'avoine

100 g de flocons d'avoine - 1 l d'eau

1. Mixez les ingrédients pendant 2 minutes à l'aide d'un blender.
2. Filtrez le liquide à travers un linge ou une passoire très fine pour récupérer la boisson à l'avoine.

Boisson de riz

Procédez de la même manière que pour la boisson au soja, en remplaçant le demi-verre de soja jaune par ½ verre de riz blanc.

Lait d'amande

125 g d'amandes - Eau de trempage - 1 l d'eau

1. Faites tremper les amandes toute la nuit dans un saladier rempli d'eau.
2. Égouttez et jetez l'eau de trempage.
3. Placez les amandes dans un blender avec 1 l d'eau et mixez pendant 2 minutes.
4. Filtrez le liquide à travers un linge ou une passoire très fine pour récupérer le lait d'amande.
5. Procédez de la même manière avec des noisettes ou des noix de cajou.

PLATS

CLAFOUTIS D'ENDIVES AU PARMESAN

Pour 1 plat rond de 25 cm (4 à 6 parts)

4 endives
3 œufs
120 g de farine d'épeautre semi-complète
30 cl de boisson végétale
50 g de parmesan
2 cuillerées à soupe d'huile d'olive
+ pour le plat
Sel, poivre

1. Préchauffez le four à 180 °C (th. 6). Lavez les endives et émincez-les finement. Faites-les revenir dans un wok avec 1 cuillerée à soupe d'huile d'olive sur feu doux, pendant 10 minutes environ. Il faut qu'elles deviennent tendres.
2. Pendant ce temps, préparez l'appareil à clafoutis. Fouettez les œufs en omelette. Ajoutez la farine et mélangez vivement pour obtenir un mélange bien lisse. Ajoutez la boisson végétale petit à petit, puis 1 cuillerée d'huile d'olive.
3. Salez et poivrez. Râpez 30 g de parmesan et incorporez-le à la pâte. Versez les endives dans l'appareil et mélangez intimement.
4. Huilez un plat allant au four. Versez la préparation et râpez sur le dessus les 20 g de parmesan restant.
5. Faites cuire 25 minutes au four puis dégustez chaud ou froid.

SUSHI BOWL AU RIZ COMPLET

Pour 4 personnes

300 g de riz rond complet
4 pavés de saumon frais
2 avocats
2 carottes
Graines de sésame
Gomasio (facultatif)
1 cuillerée à soupe d'huile d'olive

Pour la sauce

3 cuillerées à soupe de vinaigre balsamique
1 cuillerée à café de miel
4 cuillerées à soupe d'huile d'olive
1 pincée de sel

1. Commencez par laver le riz. Versez-le dans un saladier et couvrez d'eau. Mélangez bien et égouttez. Recommencez l'opération pour bien éliminer l'amidon (vous pouvez utiliser cette eau pour arroser vos plantes).
2. Déposez le riz dans une casserole et couvrez d'eau froide. Mettez à cuire 30 à 40 minutes. Il ne faut pas qu'il soit trop dur, ni réduit en bouillie.
3. Au bout de ce temps, égouttez le riz et remettez-le dans la casserole avec un couvercle et 1 cuillerée à soupe d'huile, pour qu'il continue de gonfler. Égrainez avec une fourchette et laissez tiédir pendant la préparation du reste des ingrédients.
4. Découpez les pavés de saumon en cubes, les avocats en fines lamelles et la carotte en « tagliatelles » avec un économe.
5. Mélangez les ingrédients de la vinaigrette en émulsionnant bien pour obtenir une préparation un peu épaisse.
6. Procédez au montage dans des bols : déposez 1 portion de riz dans le fond puis des dés de saumon, des tranches d'avocat et des tagliatelles de carotte. Arrosez de vinaigrette et parsemez de graines de sésame ou de gomasio (on trouve ces deux produits facilement dans les rayons vrac des boutiques bio).

QUINOA AUX POIS CHICHES ET OIGNONS CARAMÉLISÉS

Pour 4 personnes

4 oignons
1 cuillerée à soupe de miel
200 g de pois chiches cuits (100 g secs, trempés une nuit puis cuits environ 1 heure)
1 cuillerée à soupe de curry en poudre
200 g de quinoa
Huile d'olive
Sel, poivre

1. Pour les oignons au miel, coupez les oignons en fines lamelles. Faites chauffer 1 cuillerée à soupe d'huile d'olive dans une sauteuse puis laissez cuire 10 minutes à feu doux, jusqu'à ce qu'ils deviennent translucides. Ajoutez le miel. Salez, poivrez et laissez compoter 5 minutes de plus pour que la préparation caramélise un petit peu. Attention cependant à ne pas la faire brûler.
2. Pour les pois chiches grillés, préchauffez le four à 170 °C (th. 5-6). Mélangez les pois chiches cuits avec le curry, 2 cuillerées à soupe d'huile d'olive et une pincée de sel. Répartissez-les sur une plaque de four et faites cuire 25 à 30 minutes en remuant de temps en temps jusqu'à ce qu'ils deviennent croustillants.
3. Pendant ce temps, faites cuire le quinoa dans un grand faitout d'eau bouillante salée.
4. Procédez au montage dans des assiettes creuses. Déposez du quinoa dans le fond, une bonne cuillerée à soupe d'oignons au miel puis des pois chiches grillés sur le dessus.

Dégustez sans attendre !

FALAFELS AU FOUR ET SALADE CONCOMBRE-RADIS

Pour une vingtaine de falafels

1 gros oignon jaune
500 g de pois chiches cuits (250 g crus, trempés une nuit et cuits pendant 1 heure)
5 cuillerées à soupe de farine d'épeautre semi-complète
2 cuillerées à café de curry en poudre
4 cuillerées à soupe d'huile d'olive + pour le plat
Sel, poivre

Pour la salade

1 petit oignon blanc
1 bouquet de ciboulette
1 concombre
1 botte de radis
4 cuillerées à soupe d'huile d'olive
1 petit citron
1 cuillerée à café de miel
Sel, poivre

1. Préchauffez le four à 190 °C (th. 6-7).
2. Dans un robot muni d'une lame, mettez l'oignon et hachez-le. Ajoutez les pois chiches et mixez de nouveau sans que la préparation ne devienne trop lisse : il doit rester quelques morceaux.
3. Versez dans un saladier et ajoutez la farine, l'huile d'olive, le curry, du sel et du poivre. Mélangez soigneusement pour que la préparation soit homogène.
4. Divisez la pâte en 20 portions et façonnez des boulettes de taille moyenne. Déposez-les sur une plaque de four huilée, pour 20 minutes de cuisson.
5. Pour réaliser la salade, hachez finement au couteau l'oignon et la ciboulette. Coupez le concombre en cubes et saupoudrez-les de sel. Laissez dégorger 30 minutes dans une passoire.
6. Émincez les radis en rondelles fines et mélangez avec le concombre, l'oignon et la ciboulette.

   Préparez la sauce. Mélangez l'huile d'olive avec le jus du citron, le miel, du sel et du poivre. Incorporez la sauce aux légumes et réservez au frais 15 minutes minimum.
7. Servez en accompagnement des falafels.
8. Les falafels se conservent plusieurs jours au réfrigérateur dans un bocal ou un récipient en verre.

GALETTE VÉGÉTARIENNE CAROTTE-CHÈVRE FRAIS

Pour 4 personnes

250 g de carottes fraîchement râpées
100 g de chèvre frais
40 g de farine d'épeautre semi-complète
Graines de sésame
Sel, poivre

1. Préchauffez le four à 180 °C (th. 6).
2. Mélangez les carottes avec le chèvre frais. Ajoutez la farine, du sel et du poivre.
3. Quand le mélange est homogène, formez des galettes de la taille de steaks. Parsemez de graines de sésame et faites cuire 25 minutes au four.
4. Dégustez avec une salade de crudités et une vinaigrette au balsamique.

ASTUCE

Si vous souhaitez congeler des galettes pour en avoir d'avance, il est préférable de le faire quand elles sont encore crues. Disposez-les sur un plateau et mettez-les 1 heure au congélateur. Quand elles commencent à être congelées et ne collent plus, vous pouvez les rassembler dans une boîte en plastique ou un sac à vrac. Faites-les cuire 30 minutes à 180 °C dès la sortie du congélateur.

DAHL DE POULET AUX LENTILLES CORAIL

Pour 4 personnes

600 g de blancs de poulet
1 gros oignon
2 gousses d'ail
20 cl de lait de coco
3 cuillerées à soupe de curry en poudre
60 cl d'eau
3 pommes de terre
1 carotte
200 g de lentilles corail
Huile d'olive
Sel, poivre

1. Coupez les blancs de poulet en lanières et faites-les revenir dans une cocotte avec 1 cuillerée à soupe d'huile d'olive pendant 5 minutes à feu modéré. Sortez-les de la cocotte et réservez.
2. Faites revenir l'oignon et l'ail hachés jusqu'à coloration. Ajoutez le lait de coco ainsi que le curry et mélangez.
3. Ajoutez l'eau, les pommes de terre et la carotte coupées en cubes, les blancs de poulet et les lentilles corail. Salez et poivrez puis laissez cuire sur feu doux pendant 30 minutes environ, le temps que les légumes soient cuits et que la sauce épaississe.

ASTUCE

100 % home made ! Quand je réalise ce plat, je l'accompagne de galettes de blé maison que je prépare en quelques minutes. Pour cela, je mélange 400 g de farine d'épeautre, 10 cl d'eau, 10 cl d'huile et 1 cuillerée à café de sel pour obtenir une boule de pâte. Je divise en 8 boules et j'étale chacune au rouleau à pâtisserie.
Pour la cuisson, c'est très simple : je fais chauffer une poêle sur feu assez vif sans matière grasse, et je fais cuire 30 secondes de chaque côté ! On oublie les galettes sous plastique pleines de conservateurs, en faisant une belle place aux préparations maison. S'il m'en reste, je les garde au réfrigérateur entre deux assiettes. Réchauffées au four le lendemain, elles sont encore parfaites !

GRATIN « COMME DANS LES ÎLES »

Pour 4 personnes

2 panais
8 pommes de terre
200 g de petit salé coupé en lardons
1 oignon
2 gousses d'ail
20 cl de crème de soja
1 petit bouquet de persil
50 g d'emmental
Sel

1. Épluchez les panais et les pommes de terre. Faites-les cuire 20 à 30 minutes dans de l'eau bouillante salée.
2. Dans un faitout, faites revenir les lardons sans ajout de matière grasse puis ajoutez l'oignon et l'ail émincés. Laissez rissoler quelques minutes.
3. Préchauffez le four à 220 °C (th. 7-8).
4. Quand les légumes sont cuits, écrasez-les à la fourchette et ajoutez-les dans le faitout. Versez la crème et laissez réduire 5 minutes sur feu doux sans cesser de remuer.
5. Hors du feu, ajoutez le persil haché au couteau.
Versez la préparation dans un plat à gratin et râpez l'emmental sur le dessus. Faites gratiner 10 minutes et servez avec une salade verte.

TAJINE DE BOULETTES DE BŒUF ET SEMOULE COMPLÈTE

Pour 4 personnes

1 oignon
1 gousse d'ail
1 botte de persil
500 g de viande hachée de bœuf
1 cuillerée à soupe de paprika
1 cuillerée à soupe de cumin
1 bocal en verre de 400 g de tomates concassées
200 g de semoule à couscous complète
Huile d'olive
Sel, poivre

1. Émincez l'oignon et l'ail. Ciselez le persil.
Salez la viande et façonnez des boulettes d'environ 20 g chacune.
2. Dans un tajine ou une grande cocotte, versez 1 cuillerée à soupe d'huile, mettez l'oignon, l'ail et les épices. Faites revenir 2 minutes. Ajoutez les tomates concassées, le persil, salez et poivrez. Versez 1 verre d'eau et laissez cuire 5 minutes à feu vif.
3. Ajoutez les boulettes, baissez le feu et couvrez.
4. Laissez cuire 20 minutes à feu modéré.
5. Pendant ce temps, versez la semoule dans un grand plat en verre. Faites bouillir une fois et demie son volume d'eau et versez-la dessus. Couvrez et laissez gonfler 5 minutes. Ajoutez 1 cuillerée à soupe d'huile d'olive et 1 pincée de sel puis égrainez à la fourchette.
6. Dans une assiette creuse, servez une portion de semoule et des boulettes en sauce par-dessus.

RISOTTO DE COQUILLETTES COMPLÈTES AUX ASPERGES

Pour 4 personnes

1 botte d'asperges vertes
1 oignon
400 g de coquillettes complètes
50 cl d'eau
50 g de parmesan
Herbes de Provence
Huile d'olive
Sel, poivre

1. Rincez les asperges et séchez-les. Réservez les pointes et coupez les tiges en rondelles.
2. Faites revenir les tiges quelques minutes dans une sauteuse avec 1 cuillerée à soupe d'huile d'olive, en les gardant croquantes.
3. Plongez les pointes d'asperges 2 minutes dans de l'eau bouillante puis réservez-les.
4. Dans une grande casserole à fond épais (la cocotte en fonte est idéale pour ce plat), faites revenir l'oignon haché avec un peu d'huile. Ajoutez les coquillettes crues et mélangez pendant 1 minute.
5. Ajoutez l'eau, du sel et du poivre et faites cuire 12 minutes en remuant souvent. N'hésitez pas à ajouter de l'eau en milieu de cuisson si les pâtes l'absorbent trop vite.
6. Quand les coquillettes sont cuites et enrobées d'une sauce bien crémeuse, ajoutez les asperges et le parmesan fraîchement râpé.
7. Parsemez d'herbes de Provence et servez immédiatement.

MORUE À LA SAUCE AÏOLI

Pour 4 personnes

1 kg de morue salée
8 grosses pommes de terre
8 carottes
1 chou-fleur
4 œufs durs
1 bouquet garni
Sel, poivre

Pour la sauce

2 gousses d'ail
2 jaunes d'œufs
15 cl d'huile d'olive
Sel, poivre

1. La veille, faites dessaler la morue : mettez-la à tremper dans un grand bac rempli d'eau et placez au réfrigérateur. Changez l'eau 2 heures plus tard et laissez de nouveau tremper toute la nuit. Le lendemain matin, changez l'eau une dernière fois et laissez au frais jusqu'au moment de l'utiliser.
2. Le jour même, épluchez les pommes de terre et les carottes. Séparez les fleurettes du chou-fleur. Mettez-les à cuire à la vapeur : 12 minutes pour le chou-fleur et 20 minutes pour les autres légumes.
3. Portez une casserole d'eau à ébullition et faites-y cuire les œufs 10 minutes. Sortez-les avec une écumoire et rincez-les sous un filet d'eau froide pour stopper la cuisson.
4. Déposez la morue dessalée dans une cocotte avec 4 litres d'eau, le bouquet garni, du sel et du poivre. Laissez cuire 10 minutes dans l'eau frémissante. Attention, la morue ne doit jamais bouillir. Éteignez le feu et laissez la morue dans le court-bouillon pendant encore 10 minutes.
5. Pour la sauce, écrasez les gousses d'ail dans un bol. Ajoutez les jaunes d'œufs et l'huile d'olive en filet tout en battant au fouet jusqu'à ce que la sauce monte, comme vous le feriez pour une mayonnaise. Pour une version plus légère, versez 4 cuillerées d'huile, montez la mayonnaise et ajoutez un yaourt maison en continuant de fouetter quelques instants. Salez, poivrez et réservez au frais jusqu'au moment de servir.
6. Dans un grand plat, dressez la morue au centre, les légumes et les œufs durs autour. Servez la sauce dans un grand bol à côté.

Vous pouvez déguster ce plat aussi bien chaud que froid !

GRATIN DE PÂTES AUX ÉPINARDS

Pour 4 personnes

1 kg d'épinards frais
1 oignon
Herbes de Provence
20 cl de crème de soja
400 g de penne complètes
50 g de comté
Huile d'olive
Sel, poivre

1. Lavez les épinards pour bien les débarrasser de la terre et hachez-les grossièrement au couteau. Dans une grande cocotte, faites revenir l'oignon haché avec un peu d'huile d'olive. Ajoutez les épinards, 1 cuillerée à café d'herbes de Provence et ½ verre d'eau. Salez, poivrez et couvrez.
2. Laissez cuire environ 15 minutes en remuant de temps en temps, jusqu'à ce qu'ils soient bien cuits. Ajoutez la crème végétale et rectifiez l'assaisonnement.
3. Faites cuire les pâtes dans un grand volume d'eau salée. Égouttez-les, ajoutez-les aux épinards et mélangez pour bien les enrober de sauce.
4. Préchauffez le four à 200 °C (th. 6-7).
5. Versez la préparation dans un plat à gratin et râpez le comté sur le dessus. Faites gratiner 15 minutes.

ASTUCE

N'oubliez pas de prendre vos sacs à vrac en tissu quand vous irez chercher vos épinards. Si les autres fruits et légumes peuvent se mettre tels quels dans un grand cabas, un sac en tissu sera indispensable pour transporter ces petites feuilles !
Il est tout à fait possible de réaliser la préparation aux épinards un ou deux jour(s) à l'avance, et de la mélanger aux pâtes le jour de la cuisson. Cela vous fera gagner du temps un soir de semaine.

WRAPS COMPLETS DE CRUDITÉS

Pour 4 personnes

Pour la salade :
½ chou chinois
4 carottes
2 avocats bien mûrs de taille moyenne
1 concombre Noa
Graines de sésame

Pour la vinaigrette

2 cuillerées à soupe de vinaigre balsamique
4 cuillerées à soupe d'huile d'olive,
Sel, poivre

Pour 8 wraps

250 g de farine d'épeautre semi-complète
+ pour le plan de travail
1 pincée de bicarbonate alimentaire
1 cuillerée à café de sel
2 cuillerées à soupe d'huile d'olive
20 cl d'eau

1. Commencez par les wraps. Mélangez ensemble la farine, le bicarbonate, le sel et l'huile. Ajoutez lentement l'eau tiède et mélangez jusqu'à obtenir une boule de pâte. Pétrissez 2 minutes environ sur un plan de travail saupoudré de farine. Placez dans un saladier et laissez reposer 20 minutes.
2. Lorsque la pâte a fini de reposer, divisez-la en 8 boules. Étalez chacune au rouleau sur le plan de travail fariné. Évitez de trop travailler la pâte, sinon les wraps ne seront pas tendres.
3. Faites chauffer une poêle à feu modéré, sans matière grasse. Quand elle est chaude, mettez les wraps à cuire un par un 30 secondes de chaque côté. Ils vont prendre une belle coloration et gonfler un peu. Réservez dans une assiette couverte d'un torchon pour qu'ils ne se dessèchent pas.
4. Pour la salade, coupez le chou chinois en fines lanières, la carotte en bâtonnets, l'avocat et le concombre en cubes.
5. Mélangez ensemble tous les ingrédients de la vinaigrette et enrobez bien les crudités avec la sauce et les graines de sésame.
6. Garnissez les wraps de cette préparation et dégustez avec les mains !

DESSERTS

CRÈME LIBANAISE À LA FLEUR D'ORANGER

Pour 8 pots

50 g de fécule de maïs
1 l de lait d'amande
60 g de sucre complet
5 cuillerées à soupe d'eau
de fleur d'oranger

1. Délayez la fécule dans 4 cuillerées à soupe de lait d'amande, puis réservez.
2. Faites chauffer le reste du lait avec le sucre complet. Dès le premier bouillon, retirez du feu et ajoutez la fécule délayée.
3. Remettez sur le feu et portez à ébullition en remuant sans arrêt jusqu'à ce que la crème épaississe. Coupez le feu et ajoutez la fleur d'oranger.

Versez dans des pots et laissez refroidir sans le couvercle. Une fois la crème à température ambiante, fermez les pots et placez au réfrigérateur.

ESQUIMAU MENTHE-CITRON

Pour 6 esquimaux

4 cuillerées à soupe de sucre complet
25 cl d'eau
1 citron jaune
½ bouquet de menthe

1. Versez le sucre et l'eau dans une casserole. Faites chauffer sur feu doux jusqu'à ce que le sucre soit totalement fondu. Laissez refroidir.
2. Pressez le citron et écrasez la menthe au pilon. Mélangez avec le sirop de sucre froid.
3. Versez dans vos moules à Esquimau et mettez-les au frais 50 minutes. Au bout de ce temps, plantez les bâtonnets et laissez durcir complètement 4 heures.
4. Vous pouvez déguster ces esquimaux à n'importe quel moment. Ils se conservent plusieurs mois au congélateur.

BROWNIE HEALTHY

Pour 1 moule de 20 cm (6 parts)

200 g de chocolat noir
en pistoles
2 œufs
60 g de sucre complet
50 g de farine d'épeautre semi-complète
2,5 cl d'huile d'olive
+ 1 cuillerée à café
pour le moule
5 cl de boisson végétale

1. Préchauffez le four à 165 °C (th. 5-6).

Faites fondre le chocolat dans une casserole sur feu doux.

2. Dans un saladier, fouettez les œufs et le sucre complet. Ajoutez la farine, le chocolat fondu, l'huile et la boisson végétale. Mélangez rapidement puis versez dans le moule préalablement graissé.
3. Faites cuire 20 minutes au four et c'est prêt !

ASTUCE

Vous pouvez parsemer le brownie de fruits secs (pistaches, amandes...)

PIQUE-NIQUE

TERRINE DE POULET AUX HERBES FRAÎCHES

Pour 1 moule à cake

400 g de blancs de poulet
2 œufs
20 cl de crème de soja
1 bouquet de ciboulette
Sel, poivre

1. Préchauffez le four à 180 °C (th. 6).
2. Mixez les blancs de poulet et mélangez-les avec le reste des ingrédients. Salez, poivrez puis déposez le mélange dans un moule à cake. Inutile de beurrer, la terrine ne collera pas !
3. Enfournez pour 40 minutes de cuisson. Laissez refroidir.
4. Couvrez d'un plat ou d'une assiette rectangulaire. Ou, si vous possédez un grand moule à terrine avec couvercle, fermez-le avant de mettre au frais pour la nuit.

SALADE DE PETIT ÉPEAUTRE

Pour 1 moule à cake

200 g de petit épeautre
¼ de chou rouge
100 g de feta
3 carottes
50 g de jeunes pousses
Sel

Pour la vinaigrette

4 cuillerées à soupe d'huile d'olive
2 cuillerées à soupe de jus de citron
1 cuillerée à café de miel
Sel, poivre

1. Faites cuire le petit épeautre 45 à 50 minutes dans de l'eau bouillante salée. Si vous souhaitez réduire le temps de cuisson à 30 minutes, vous pouvez mettre les céréales à tremper la veille.
Une fois le petit épeautre cuit, passez-le sous l'eau froide et égouttez-le.
2. Coupez le chou rouge en fines lamelles et la feta en cubes. Râpez les carottes.
3. Préparez la vinaigrette en mélangeant l'huile d'olive, le jus de citron, le miel, du sel et du poivre.
4. Dans un grand saladier, rassemblez tous les ingrédients : le petit épeautre, le chou, les carottes, la féta, les jeunes pousses et la vinaigrette, puis mélangez intimement.
5. Remplissez un grand bocal en verre et mettez au frais jusqu'au moment de servir.

SABLÉS AUX FIGUES DE NOTRE ENFANCE

Pour la pâte

200 g de farine d'épeautre semi-complète
+ pour le plan de travail
50 g de sucre complet
90 g de beurre
4 cuillerées à soupe d'eau

Pour la farce

12 belles figues séchées
1 cuillerée à soupe de miel

ASTUCE

Les épiceries orientales vendent de la pâte de figues toute prête. Je la trouve toujours emballée dans du plastique, mais peut-être aurez-vous la chance d'en dénicher à la coupe. Dans ce cas, il vous suffira de réaliser la pâte sablée et de la farcir avec la pâte de figues.

1. Préparez la pâte : mélangez la farine et le sucre en sablant avec le beurre. Ajoutez l'eau et pétrissez pour obtenir une boule. Placez 30 minutes au réfrigérateur.
2. Pour la farce, mettez les figues dans un bol d'eau chaude et laissez-les se réhydrater pendant 30 minutes pour les rendre plus souples. Placez les figues dans le mixeur avec 3 cuillerées à soupe d'eau et le miel. Mixez pour obtenir une pâte de figues. Ce n'est pas grave si votre préparation n'est pas totalement homogène et qu'il reste quelques morceaux, je trouve même cela encore meilleur.
3. Farinez le plan de travail. Préchauffez le four à 180 °C (th. 6).
4. Sortez la pâte et confectionnez des boudins, puis aplatissez-les au rouleau. Il faut leur donner la forme d'un long rectangle de 0,5 cm d'épaisseur et de 6 cm de largeur. Creusez un sillon au milieu puis déposez-y la pâte de figues. Refermez la pâte sablée et étalez doucement au rouleau pour souder les bords. Retournez ce long boudin pour avoir le côté le plus beau sur le dessus puis découpez des sablés de 3 cm de largeur.
5. Faites cuire 15 à 20 minutes au four puis placez dans une boîte en fer pour les conserver.

CITRONNADE

75 cl d'eau plate
50 g de cassonade
25 cl de jus de citron
(3 à 4 citrons pressés)
+ 1 cuillerée à soupe de zeste

1. Mettez à chauffer l'eau avec le sucre jusqu'à ce que ce dernier soit dissous.
2. Ajoutez le jus de citron et les zestes. Laissez tiédir et mettez en bouteille.
3. Placez au frais jusqu'à la dégustation.

ASTUCE

Vous pouvez ajouter des feuilles de menthe, de verveine, des zestes d'orange et même du romarin. Ils donneront un petit goût original à votre boisson.

PLANNING DU MENU

LUNDI

Matin
Brioche express au cœur de chocolat
Midi
Salade d'aubergines et chèvre frais
Glace à la fraise
Soir
Crumble courgettes-lardons, jeunes pousses
Salade de fruits

MARDI

Matin
Porridge froid fraise-coco sans gluten
Midi
Banh mi au poulet
Crème au chocolat
Soir
Petits farcis végétariens
Salade de fruits

MERCREDI

Matin
Biscuits aux pépites de chocolat
Midi
Taboulé de boulgour aux pois chiches
Glace à la fraise
Soir
Épaule d'agneau au romarin et ratatouille au four
Salade de fruits

JEUDI

Matin
Smoothie pêche-banane
Midi
Tarte tomates, mozzarella et basilic salade verte
Glace à la fraise
Soir
Soupe au pistou
Crème au chocolat

VENDREDI

Matin
Brioche express au cœur de chocolat
Midi
Salade de penne semi-complètes, tomates et chorizo
Salade de fruits
Soir
Aubergines façon pizza
Glace à la fraise

SAMEDI

Matin
Crufiture de framboises, beurre de baratte
Midi
Salade mexicaine
Crème au chocolat
Soir
Tartare de thon et salade de tomates anciennes
Salade de fruits

DIMANCHE : JOURNÉE BARBECUE

Dip de crudités et sauce au yaourt
Dorade grillée
Brochettes de pommes de terre
Pêches grillées au romarin

ÉTÉ

LISTE DE COURSES

Fruits et légumes

Abricots : 3
Ail : 2 têtes
Aubergines : 12
Avocats : 2
Bananes : 4
Basilic : 3 bouquets
Bouquet garni : 1
Carottes : 9
Ciboulette : 1 bouquet
Citrons : 6
Concombres : 2
Coriandre : 1 petit bouquet
Courgettes : 7
Fraises : 800 g
Framboises : 250 g
Haricots cocos blancs : 125 g
Haricots rouges : 125 g
Haricots verts : 250 g
Melon : 1
Nectarines : 3
Oignons : 7
Pêches : 8
Poivrons : 2
Pommes de terre : 2 + 16 petites
Radis : 1 botte
Romarin : 9 branches
Tomates : 32 (dont 4 grosses)
Tomates cerise : une dizaine

Chez le fromager

Beurre : 90 g
Chèvre frais : 1
Emmental : 200 g
Feta : 300 g
Mozzarella : 250 g
Parmesan : 50 g

Chez le poissonnier

Dorades : 4 de taille moyenne
Thon rouge : 400 g

Rayon vrac

Boulgour : 200 g
Cassonade : 300 g
Coquillettes : 50 g
Dattes : 5
Farine de grand épeautre : 200 g
Farine de petit épeautre : 450 g
Fécule de maïs : 30 g
Flocons d'avoine : 30 g
Flocons de sarrasin : 30 g
Graines de chia : 30 g
Haricots rouges : 100 g
Œufs : 6
Penne semi-complètes : 300 g
Pistoles de chocolat noir : 200 g
Pois chiches : 125 g
Protéines de soja texturées : 60 g
Semoule à couscous complète : 100 g
Sucre complet : 50 g

Épicerie

Boisson végétale : 1 l de lait de coco + 1 l au choix (amande, avoine, soja...)
Coulis de tomate : 1 bocal de 400 g
Crème d'amande : 25 cl
Crème de soja : 20 cl
Miel : 1 petit pot en verre
Moutarde : 1 petit pot en verre

Chez le boucher

Blancs de poulet : 400 g
Chorizo : 150 g
Épaule d'agneau : 1,5 kg
Poitrine fumée ou nature : 150 g

Placard

Huile d'olive et huile de tournesol, sel, fleur de sel, poivre, bicarbonate alimentaire, vinaigre balsamique, herbes de Provence, curry, piment en poudre, paprika

PETITS DÉJEUNERS

BRIOCHE EXPRESS AU CŒUR DE CHOCOLAT

Pour 6 brioches

175 g de farine de grand épeautre blanche
+ pour le moule
½ cuillerée à café
de bicarbonate alimentaire
40 g de cassonade
1 œuf + 1 jaune
150 g de crème de soja (voir p. 150)
Huile de tournesol
24 pistoles de chocolat noir

1. Préchauffez le four à 160 °C (th. 5-6).
2. Versez la farine, le bicarbonate et le sucre dans un saladier. Ajoutez l'œuf ainsi que la crème et mélangez pour obtenir une pâte homogène. Cette pâte est assez collante : n'essayez pas de la rouler en boule comme une pâte à brioche classique, c'est impossible.
3. Huilez 6 empreintes d'un moule à muffins et farinez légèrement le fond.
4. Déposez une grosse cuillerée à soupe de pâte dans chaque empreinte et enfoncez 4 pistoles de chocolat au centre de chacune. Badigeonnez le dessus des brioches avec le jaune d'œuf à l'aide d'un pinceau et enfournez pour 25 minutes de cuisson.

PORRIDGE FROID FRAISE-COCO SANS GLUTEN

Pour 1 portion

50 g de fraises
30 g de flocons de sarrasin
10 cl de lait de coco
1 cuillerée à café de miel
(pour les becs sucrés)

1. Découpez les fraises en lamelles.
2. Placez tous les ingrédients dans un bocal en verre. Mélangez et laissez reposer au frais toute la nuit.
3. Les flocons vont s'imprégner du lait de coco et vous obtiendrez un délicieux porridge froid.

Faire son lait de coco maison

80 g de noix
de coco râpée
1 l d'eau

1. Dans un saladier, mettez la noix de coco râpée et l'eau. Laissez reposer 12 heures.
2. Versez la préparation dans une casserole et portez à ébullition.
3. Faites cuire 5 à 10 minutes à feu doux et laissez reposer 30 minutes.
4. Filtrez le liquide à travers un linge ou une passoire très fine pour récupérer le lait de coco.

BISCUITS AUX PÉPITES DE CHOCOLAT

Pour 8 cookies

150 g de farine de petit épeautre
50 g de sucre complet
1 pincée de bicarbonate alimentaire
2 jaunes d'œuf
75 g de beurre
+ pour le moule
1 poignée de pistoles
de chocolat noir

1. Préchauffez le four à 180 °C (th. 6).
2. Dans un saladier, mettez la farine, le sucre et le bicarbonate. Versez les jaunes d'œuf ainsi que le beurre légèrement fondu et mélangez rapidement à la cuillère.
3. Ajoutez les pistoles de chocolat préalablement hachées et pétrissez à la main pour former une boule. Divisez-la en 8 boules plus petites.
4. Beurrez une plaque de four et déposez-y les boules de pâte. Enfournez pour 12 minutes de cuisson. Ces cookies se conservent plusieurs jours dans une boîte en fer.

SMOOTHIE PÊCHE-BANANE

Pour 1 smoothie

1 banane
1 pêche
15 cl de lait de coco
2 cuillerées à soupe de flocons d'avoine

1. Mixez tous les ingrédients dans un blender jusqu'à obtenir la consistance désirée et servez.

ASTUCE

Quand il fait très chaud, je place mes fruits au réfrigérateur la veille pour obtenir une boisson bien fraîche.

CRUFITURE DE FRAMBOISES

Pour 1 petit pot

250 g de framboises fraîches
4 cuillerées à café
de cassonade
2 cuillerées à soupe de graines de chia

1. Déposez les framboises dans un saladier. Saupoudrez de sucre et écrasez à la fourchette pour extraire le jus. Vous pouvez laisser quelques morceaux si vous le souhaitez.
2. Ajoutez les graines de chia et mélangez bien afin de les répartir uniformément dans la préparation. Elles vont gonfler avec le liquide et « gélifier » la crufiture.
3. Cette préparation se conserve environ 1 semaine au frais dans un pot à confiture.

ASTUCE

À déguster avec des tranches de pain complet et un bon beurre de baratte. Vous pouvez aussi la mélanger à un yaourt, l'engloutir sur des pancakes ou aromatiser une salade de fruit avec 1 cuillerée à soupe.

PLATS

SALADE D'AUBERGINES ET CHÈVRE FRAIS

Pour 4 personnes

6 grosses aubergines
1 oignon rouge
2 tomates
1 cuillerée à soupe de vinaigre balsamique
1 cuillerée à café de miel
2 cuillerées à soupe d'huile d'olive
1 chèvre frais
Sel, poivre

1. Préchauffez le four à 200 °C (th. 6-7).
Percez les aubergines en plusieurs endroits à l'aide d'une fourchette. Mettez-les sur une plaque de four et faites cuire 30 minutes. Elles sont prêtes quand la peau est fripée et que l'intérieur est mou. Laissez refroidir.
2. Pendant ce temps, émincez l'oignon rouge et coupez les tomates en cubes.
3. Préparez la vinaigrette en mélangeant le vinaigre balsamique, le miel, l'huile d'olive, du sel et du poivre.
4. Enlevez la peau des aubergines, coupez-les en deux et retirez les graines. Découpez des cubes de 2 cm environ et ajoutez-les à la tomate et à l'oignon. Arrosez de vinaigrette et mélangez intimement.
5. Gardez au frais jusqu'au moment de servir. Ajoutez le chèvre en morceaux sur le dessus de la salade juste avant de passer à table.

SALADE DE PENNE SEMI-COMPLÈTES, TOMATES ET CHORIZO

Pour 4 personnes

300 g de penne semi-complètes
150 g de chorizo
3 tomates
Quelques feuilles de basilic
Huile d'olive
Sel, poivre

1. Faites cuire les pâtes *al dente* dans un grand volume d'eau salée. Rincez et laissez refroidir. Comme elles vont s'imprégner de la sauce, il ne faut pas qu'elles soient trop cuites.
2. Coupez le chorizo en petits cubes et la tomate en dés. Dans un wok, faites revenir les morceaux de chorizo dans 1 cuillerée à soupe d'huile d'olive. Quand ils commencent à colorer, ajoutez les dés de tomate et laissez cuire 2 minutes à feu doux. Rectifiez l'assaisonnement.
3. Hachez les feuilles de basilic au couteau. Mélangez aux pâtes la préparation au chorizo ainsi que le basilic haché.
4. Mettez le tout dans une boîte en plastique et placez au frais pendant 1 heure minimum. Dégustez froid.

TABOULÉ DE BOULGOUR AUX POIS CHICHES

Pour 4 personnes

200 g de boulgour cru
3 carottes
1 oignon rouge
3 tomates
200 g de feta
Le jus de 1 citron
2 cuillerées à soupe de moutarde
2 cuillerées à soupe de miel
6 cuillerées à soupe d'huile d'olive
250 g de pois chiches cuits (125 g crus trempés une nuit et cuits 40 minutes dans de l'eau bouillante)
Sel, poivre

1. Pour la cuisson du boulgour, portez 40 cl d'eau à ébullition. Jetez-y le boulgour et faites cuire sur feu très doux en remuant de temps en temps. Quand toute l'eau est absorbée, laissez gonfler une dizaine de minutes et égrainez à la fourchette.
2. Râpez les carottes, hachez l'oignon rouge et coupez les tomates ainsi que la feta en cubes. Préparez la vinaigrette en mélangeant le jus de citron, la moutarde, le miel, l'huile d'olive, du sel et du poivre.
3. Une fois le boulgour refroidi, ajoutez les crudités, la féta, les pois chiches et la vinaigrette. Mélangez intimement et placez au frais jusqu'au moment de servir. Cette salade se conserve plusieurs jours au frais dans un bocal en verre.

BANH MI AU POULET

Pour 4 sandwichs

1 bouquet garni
4 blancs de poulet
1 jaune d'œuf
1 cuillerée à soupe de moutarde
4 carottes
1 concombre
1 petit bouquet de coriandre
2 baguettes
Huile au choix (par exemple de sésame pour donner un petit goût asiatique à la mayonnaise !)
Sel, poivre

1. Faites chauffer un grand volume d'eau dans une casserole avec le bouquet garni et 1 pincée de sel. Quand l'eau est chaude, plongez-y les blancs de poulet et laissez cuire 15 minutes. Égouttez la volaille et laissez refroidir.
2. Préparez la mayonnaise : mélangez le jaune d'œuf à la moutarde et ajoutez l'huile en filet sans cesser de battre jusqu'à obtenir environ 6 cuillerées à soupe de préparation. Salez et poivrez, puis mettez au frais.
3. Râpez les carottes, coupez le concombre en bâtonnets et hachez la coriandre au couteau.
4. Une fois le poulet froid, tranchez-le en fines lamelles dans le sens de la largeur.
5. Coupez les baguettes en deux puis dans le sens de la longueur pour obtenir 4 pains à sandwich. Tartinez le fond de mayonnaise. Déposez de la carotte râpée, des bâtonnets de concombre ainsi que le poulet et parsemez de coriandre.

ASTUCE

En général, je fais cuire les blancs de poulet la veille et je prépare les sandwichs le matin même avec du pain frais. J'emballe chaque sandwich dans un torchon de façon que chacun emporte le sien sur son lieu de travail.

TARTE TOMATES, MOZZARELLA ET BASILIC

Pour 4 personnes

200 g de farine d'épeautre semi-complète
+ pour le plan de travail
8 cl d'eau froide
5 tomates de couleurs différentes
250 g de mozzarella
Quelques feuilles de basilic
5 cl d'huile d'olive
+ pour le moule
Sel

1. Préchauffez le four à 180 °C (th. 6).
2. Commencez par la pâte brisée : versez dans un saladier la farine, l'huile d'olive, l'eau froide et 1 pincée de sel. Mélangez à la cuillère puis, quand la pâte commence à s'amalgamer, pétrissez à la main pour obtenir une boule.
3. Huilez un moule à tarte. Étalez la pâte au rouleau sur le plan de travail fariné et foncez le moule. Piquez le fond avec une fourchette.
4. Lavez les tomates et coupez-les en tranches de 0,5 cm d'épaisseur. Découpez la mozzarella en tranches fines. Disposez les ingrédients en rosace sur le fond de pâte, en alternant 2 tranches de tomates et 1 tranche de mozzarella.
5. Lavez le basilic et hachez-le au couteau. Parsemez-le sur le dessus de la tarte et enfournez pour 30 minutes de cuisson.
6. Servez avec une salade verte.

SALADE MEXICAINE

Pour 4 personnes

2 tomates
1 concombre
100 g de feta
1 avocat
1 oignon rouge
2 cuillerées à soupe
de vinaigre balsamique
4 cuillerées à soupe d'huile d'olive
Piment en poudre (facultatif)
200 g de haricots azuki
ou de haricots rouges cuits
(ou 100 g crus trempés la veille
puis cuits 30 minutes dans
de l'eau bouillante)
Sel, poivre

1. Lavez les tomates et le concombre. Découpez en cubes la feta, les tomates, le concombre et l'avocat. Émincez finement l'oignon rouge.
2. Préparez la vinaigrette en mélangeant le vinaigre balsamique et l'huile d'olive. Salez, poivrez et ajoutez éventuellement une pointe de piment en poudre pour relever le plat.
3. Dans un grand saladier, déposez tous les ingrédients et mélangez à la vinaigrette. Réservez au frais jusqu'au moment de servir.

ASTUCE

Pour conserver vos aliments au frais directement dans le plat de service, vous pouvez investir dans des saladiers en verre avec couvercle. Si vous avez déjà suffisamment de saladiers dans vos placards, des charlottes pour saladier en tissu avec un élastique permettent de remplacer un couvercle et passent en machine. Plusieurs créatrices en proposent sur les forums zéro déchet qui existent sur les réseaux sociaux.

CRUMBLE COURGETTES-LARDONS

Pour 4 personnes

3 courgettes
150 g de poitrine nature
ou fumée
100 g de farine d'épeautre semi-complète
50 g de parmesan
fraîchement râpé
5 cuillerées à soupe d'huile d'olive
Sel, poivre

1. Préchauffez le four à 180 °C (th. 6).
2. Lavez les courgettes et coupez-les en cubes. Si elles sont bio, vous pouvez garder la peau. Mettez-les dans une cocotte avec la poitrine découpée en lardons, sans ajout de matière grasse. Démarrez la cuisson à froid et faites cuire environ 15 minutes sur feu modéré en remuant souvent. Les lardons vont apporter suffisamment de matière grasse pour que la préparation n'accroche pas. Salez légèrement, poivrez et versez cette préparation dans un plat à gratin.
3. Dans un grand saladier, déposez la farine et le parmesan. Ajoutez l'huile d'olive et mélangez à la main pour obtenir une pâte sableuse. Vous pouvez ajouter un peu de poivre si vous le désirez, mais le sel n'est pas nécessaire, le parmesan étant déjà assez salé.
4. Émiettez ce crumble sur les courgettes et enfournez pour 30 minutes à 180 °C. Au bout de ce temps, poursuivez la cuisson 10 minutes en augmentant la température à 190 °C pour faire dorer le crumble.
5. Servez avec une salade de jeunes pousses.

PETITS FARCIS VÉGÉTARIENS

Pour 4 personnes

60 g de petites protéines
de soja texturées
4 grosses tomates
1 cuillerée à soupe
de vinaigre balsamique
1 oignon
2 gousses d'ail
2 cuillerées à soupe d'herbes de Provence
2 cuillerées à soupe
de chapelure (râpez
ou mixez du pain rassis)
1 œuf
100 g de semoule à couscous complète
Sel, poivre

1. Commencez par réhydrater les protéines de soja dans de l'eau bouillante pendant 20 minutes environ. Égouttez et laissez refroidir.
2. Lavez les tomates et coupez-les en deux dans la longueur pour obtenir avec chacune 2 morceaux à farcir, puis évidez-les. Conservez l'intérieur.
3. Versez le vinaigre balsamique sur les protéines et mélangez. Hachez l'oignon et réservez 1 cuillerée à soupe. Émincez l'ail finement.
4. Ajoutez l'oignon, 1 gousse d'ail, 1 cuillerée à soupe d'herbes de Provence, la chapelure et l'œuf aux protéines de soja. Mélangez bien pour obtenir une farce. Salez et poivrez.
5. Préchauffez le four à 200 °C (th. 6-7).
6. Mixez ensemble l'intérieur des tomates, la cuillerée à soupe d'oignon réservée, la seconde gousse d'ail et le reste d'herbes de Provence. Salez et poivrez. Mélangez à la semoule et ajoutez un grand verre d'eau.
7. Versez ce mélange dans un plat de cuisson avec couvercle (j'utilise une cocotte en fonte). Farcissez les demi-tomates avec le mélange de protéines. Déposez-les sur la semoule et fermez la cocotte. Enfournez pour 45 minutes de cuisson. Au bout de ce temps, les tomates sont cuites et la semoule a bien gonflé.

ÉPAULE D'AGNEAU AU ROMARIN ET RATATOUILLE AU FOUR

Pour 4 personnes

Pour l'épaule d'agneau

5 gousses d'ail
Quelques branches de romarin
1 épaule d'agneau d'environ 1,5 kg
Huile d'olive
Sel, poivre

Pour la ratatouille au four

2 oignons
2 poivrons (1 rouge, 1 jaune)
2 courgettes
2 aubergines
5 tomates bien mûres
10 gousses d'ail
1 bonne cuillerée à soupe d'herbes de Provence
Huile d'olive
Sel, poivre

1. Commencez par l'épaule. Préchauffez le four à 180 °C (th. 6). Épluchez l'ail et lavez le romarin. Faites des incisions profondes en plusieurs endroits de l'épaule puis glissez-y un morceau d'ail et du romarin. Assaisonnez bien de sel et de poivre. Placez la viande sur une plaque de four et arrosez d'huile d'olive.
2. Enfournez à mi-hauteur. Comptez 15 minutes pour 500 g de viande pour une cuisson rosée, 25 minutes pour 500 g pour une cuisson à point. En milieu de cuisson, versez ½ verre d'eau au fond de la plaque et arrosez la viande régulièrement.
3. Sortez l'épaule et laissez-la reposer au moins 10 minutes. Pour éviter l'utilisation de papier d'aluminium, je la place dans ma cocotte en fonte et je la réchauffe au four juste avant de servir.
4. Pour la ratatouille, préchauffez le four à 190 °C (th. 6-7). Épluchez les oignons et coupez-les en 6 morceaux. Lavez tous les légumes. Coupez les poivrons en lanières, les courgettes en cubes, les aubergines en demi-rondelles. Épluchez les gousses d'ail en les laissant entières.
5. Disposez tous les légumes sur une plaque de cuisson huilée. Salez, poivrez, ajoutez les herbes de Provence et 4 cuillerées à soupe d'huile d'olive. Mélangez à la main.
6. Enfournez pour 20 minutes de cuisson. À mi-cuisson, mélangez et ajoutez ½ verre d'eau.
7. Servez avec l'épaule coupée en tranches.

TARTARE DE THON ET SALADE DE TOMATES ANCIENNES

Pour 4 personnes

Pour le tartare

400 g de thon rouge très frais
1 oignon rouge
1 avocat
1 citron
5 cuillerées à soupe d'huile d'olive
Sel, poivre

Pour la salade

800 g de tomates anciennes (Ananas, Green Zebra, Noire de Crimée…)
Huile d'olive bio pressée à froid
Fleur de sel

1. Commencez par le tartare. Détaillez le thon en cubes de 1 cm environ. Émincez l'oignon finement. Épluchez l'avocat et coupez-le également en petits cubes.
2. Pressez le citron pour récupérer le jus. Mélangez-le à l'huile d'olive, salez et poivrez.
3. Dans un plat, mélangez tous les ingrédients du tartare. Rectifiez l'assaisonnement si nécessaire et réservez au frais jusqu'au moment de servir, l'idéal étant de le laisser mariner au moins 1 heure.
4. Pour la salade, lavez les tomates et coupez-les en quartiers. Arrosez-les d'huile d'olive et saupoudrez de fleur de sel. Les tomates anciennes sont tellement fruitées qu'il est inutile de les assaisonner avec une vinaigrette trop relevée qui cacherait le goût des vraies tomates d'été !

ASTUCE

Je vous conseille de choisir un mélange de tomates anciennes pour avoir plusieurs couleurs et saveurs dans l'assiette.

AUBERGINES FAÇON PIZZA

Pour 4 personnes

4 aubergines de taille moyenne
1 bocal en verre de 400 g
de coulis de tomate
(ou 1 pot de sauce tomate maison)
200 g d'emmental
Herbes de Provence
Huile d'olive
Sel, poivre

1. Préchauffez le four à 200 °C (th. 6-7).
2. Coupez les aubergines dans le sens de la longueur, en tranches d'un peu moins de 1 cm mais de plus de 0,5 cm. Déposez-les sur une plaque de four huilée et badigeonnez le dessus des tranches avec un peu d'huile d'olive. Faites précuire 5 minutes au four.
3. Sortez les aubergines du four puis déposez sur chacune 1 cuillerée à soupe de coulis de tomate ainsi qu'une petite poignée d'emmental fraîchement râpé.
4. Saupoudrez de sel, de poivre et d'herbes de Provence. Poursuivez la cuisson 15 minutes au four.

ASTUCE

Certains fromagers sont équipés d'une machine à râper le fromage. Il m'arrive de me rendre chez le mien avec une boîte en plastique réservée à cet usage et d'en prendre une grande quantité. Je congèle ensuite des portions dans des boîtes plus petites. Cela me permet de réaliser quiches, tartes ou gratins au dernier moment, en ayant toujours du fromage râpé à disposition.

SOUPE AU PISTOU

Pour 4 personnes

125 g de haricots rouges frais
125 g de haricots cocos blancs frais
250 g de haricots verts plats frais
2 courgettes
2 pommes de terre
2 tomates
50 g de coquillettes
1 bouquet de basilic
2 gousses d'ail
Huile d'olive
Sel, poivre

1. Préparez les légumes : écossez les haricots rouges et blancs. Équeutez les haricots verts et coupez-les en morceaux de 2 cm environ. Lavez les courgettes et les pommes de terre (vous pouvez garder la peau si ce sont des légumes bio). Coupez les courgettes en dés et les pommes de terre en petits cubes. Plongez les tomates 1 minute dans de l'eau bouillante puis pelez-les.
2. Dans une grande cocotte, mettez les trois sortes de haricots, les courgettes et les pommes de terre. Couvrez d'environ 3 litres d'eau froide et ajoutez une tomate en cubes. Salez, poivrez. Laissez cuire 20 minutes après la reprise de l'ébullition.
3. Ajoutez alors les coquillettes ainsi qu'un peu d'eau si besoin et prolongez la cuisson 10 à 15 minutes sur feu doux. Stoppez la cuisson et rectifiez l'assaisonnement. Laissez reposer pendant que vous préparez la pommade.
4. Pour la pommade : si vous êtes un puriste, vous pouvez la préparer au mortier. Sinon, le blender est une très bonne alternative.
5. Effeuillez le basilic, épluchez l'ail et mettez-les dans le blender avec la tomate restante, 2 cuillerées à soupe d'huile d'olive et 1 pincée de sel. Faites tourner pour obtenir un pistou. Une fois que la consistance vous plaît, versez dans la cocotte et remuez bien. Laissez reposer au moins 1 heure.
6. Servez avec du parmesan ou du gruyère râpé.

DESSERTS

SALADE DE FRUITS

Pour 4 personnes

1 petit melon
2 nectarines
2 abricots
250 g de fraises
5 dattes
1 cuillerée à soupe de miel
2 cuillerées à soupe d'eau
de fleur d'oranger

1. Coupez le melon en cubes, les nectarines et les abricots en lamelles et les fraises en quatre. Dénoyautez les dattes et coupez-les aussi en quatre.
2. Disposez tous les fruits dans un grand récipient. Délayez le miel dans l'eau de fleur d'oranger et versez dessus. Mélangez bien et réservez au frais jusqu'à la dégustation.

GLACE À LA FRAISE SANS SORBETIÈRE

Pour 1 l de glace

500 g de fraises
200 g de cassonade
25 cl de crème végétale d'amande
Le jus de ½ citron

1. Mettez l'ensemble des ingrédients dans un blender. Mixez quelques instants (les fraises ne doivent pas laisser de morceaux) puis versez dans un récipient. Faites prendre au frais une nuit.
2. Sortez la glace 5 à 10 minutes avant de la déguster pour lui laisser le temps de ramollir un peu.

CRÈME AU CHOCOLAT

Pour 6 pots

2 cuillerées à soupe de fécule de maïs
50 cl de boisson végétale (voir p. 119)
100 g de pistoles de chocolat noir
3 cuillerées à soupe de sucre

1. Délayez la fécule dans 3 cuillerées à soupe de boisson végétale.
2. Faites chauffer le reste de la boisson végétale avec le chocolat et le sucre. Quand le chocolat est complètement fondu, ajoutez la fécule de maïs. Mélangez constamment à l'aide d'un fouet sur feu doux. La préparation va épaissir petit à petit.
3. Quand elle commence à prendre la consistance d'une crème, stoppez la cuisson et mettez en pots. La crème va encore se raffermir en refroidissant.
4. Laissez refroidir à température ambiante puis placez au frais. Ces petites crèmes se conservent environ 1 semaine au réfrigérateur.

BARBECUE

DIP DE CRUDITÉS ET SAUCE AU YAOURT

Pour 4 personnes

2 carottes
Une dizaine de tomates cerise
1 botte de radis
1 petit bouquet de ciboulette
½ citron
1 cuillerée à café de curry
1 cuillerée à soupe d'huile d'olive
2 yaourts maison
Sel, poivre

1. Lavez les légumes. Épluchez les carottes et coupez-les en bâtonnets. Laissez les tomates cerises et les radis entiers.
2. Hachez la ciboulette au couteau. Pressez le demi-citron.
3. Dans un bol, mélangez le jus de citron, le curry, l'huile d'olive et le yaourt. Ajoutez la ciboulette, salez et poivrez. Servez dans un bol avec les légumes autour.

BROCHETTES DE POMMES DE TERRE

Pour 4 personnes

16 petites pommes de terre
1 cuillerée à café bombée de paprika
4 cuillerées à soupe d'huile d'olive
Le jus de ½ citron
Sel, poivre

1. Mettez les pommes de terre à cuire dans de l'eau bouillante. Il faut qu'elles soient encore légèrement fermes. Laissez refroidir.
2. Pendant ce temps, préparez la marinade en mélangeant tous les ingrédients restants.
3. Transférez les pommes de terre dans la marinade et enrobez-les totalement.
4. Comptez 4 pommes de terre par pique à brochette et faites cuire au barbecue environ 10 minutes en retournant régulièrement.

DORADE GRILLÉE

Pour 4 personnes

2 citrons
1 bouquet de basilic
4 dorades de taille moyenne vidées et nettoyées par
le poissonnier
4 cuillerées à soupe d'huile d'olive
Sel, poivre

1. Lavez les citrons et coupez des rondelles de 0,5 cm environ. Rincez le basilic.
2. Faites des incisions sur les dorades : deux de chaque côté. Insérez une tranche de citron dans chacune d'elles en les laissant dépasser un peu.
3. Hachez le basilic au couteau puis mélangez avec l'huile d'olive et un peu de jus de citron restant. Salez, poivrez. Garnissez les dorades de ce mélange.
4. Faites cuire les dorades environ 3 minutes de chaque côté. Servez immédiatement.

PÊCHES GRILLÉES AU ROMARIN

Pour 4 personnes

4 grosses pêches juste mûres
4 grandes branches
de romarin
4 cuillerées à café de miel

1. Lavez les pêches et coupez-les en 5 ou 6 quartiers. Gardez la peau si elles sont bio. Avec une pique à brochette en inox, perforez chaque quartier, puis insérez une branche de romarin dans chaque morceau pour faire tenir les pêches entre elles. Réalisez ainsi 4 brochettes.
2. Déposez les brochettes de fruits sur la grille à poisson et refermez-la. Faites cuire 20 minutes sur le barbecue en fin de braise, en retournant de temps en temps.
3. Sortez les pêches de la grille et arrosez de miel. Servez immédiatement

ASTUCE

Tout en remplaçant le pique à brochette classique,
le romarin va parfumer les fruits pendant la cuisson.

PLANNING DU MENU

LUNDI

Matin
Pudding de pain rassis
Midi
Salade de lentilles vertes, poire et gorgonzola
Riz au lait
Soir
Sauté de porc aux champignons et pâtes complètes
Pomme au four

MARDI

Matin
Barre de céréales moelleuse aux figues
Midi
Poêlée de chou rouge aux pommes et riz complet
Raisin
Soir
Tarte aux poireaux et velouté de carotte
Riz au lait au four

MERCREDI

Matin
Bowl cake poire-chocolat
Midi
Croque-monsieur chèvre, figue et jambon cru, salade verte
Pomme au four
Soir
Potimarron farci
Raisin

JEUDI

Matin
Pancakes aux pommes
Midi
Tartine de salsa à l'avocat et salade de chou rouge
Tarte rustique poire-chocolat
Soir
Risotto de quinoa
Pomme au four

VENDREDI

Matin
Barre de céréales moelleuse aux figues
Midi
Chili sin carne
Pomme au four
Soir
Harengs au four et pommes de terre primeur
Tarte rustique poire-chocolat

SAMEDI

Matin
Carrot cake santé
Midi
Burgers healthy végétariens
Clémentine
Soir
Carpaccio de bœuf au parmesan et roquette
Tarte rustique poire-chocolat

DIMANCHE : APÉRO DÎNATOIRE

Houmous de pois cassés et gressins • Cake croque-monsieur • Verrines de butternut aux noisettes • Flan aux pommes

AUTOMNE

LISTE DE COURSES

Placard

Huile d'olive et de tournesol, vinaigre balsamique, sel, poivre, herbes de Provence, cannelle, curry, paprika, coriandre moulue, piment en poudre, bicarbonate alimentaire, miel, moutarde, noix de muscade

Rayon vrac

Cassonade : 80 g
Chocolat noir en pistoles : 80 g
Farine blanche : 110 g
Farine de petit épeautre : 650 g
Figues séchées : 50 g
Flocons d'avoine : 220 g
Haricots rouges : 250 g
Lentilles vertes : 200 g
Noisettes : 100 g
Œufs : 14
Pâtes complètes : 400 g
Pois cassés : 265 g
Quinoa : 200 g
Riz complet : 200 g
Riz rond blanc : 100 g
Riz semi-complet : 200 g
Sucre complet : 330 g
Vanille : 1 gousse

Épicerie

Boisson végétale : 3 l (voir p. 119)
Crème de soja : 60 cl (3 briques) (voir p. 150)
Tomates concassées : 400 g
Vin blanc : 30 cl (en vrac c'est parfait, sinon préférez les bouteilles en verre)

Chez le boulanger

Pain complet : 1
Pain rassis : 150 g
Pains à hamburgers : 4
Pains de mie tranchés : 2

Fruits et légumes

Ail : 1 tête
Avocats : 2
Bananes : 2
Bouquet garni : 1
Carottes : 1,5 kg
Champignons : 400 g
Chou rouge : 1
Citrons : 4
Courges butternut : 2
Figues : 4
Oignons : 8
Oignon rouge : 1
Poireaux : 3
Poires : 9
Pommes de terre primeur : 1 kg
Pommes : 10
Potimarrons : 4 petits
Raisin : 500 g
Roquette : 150 g
Salades : 2

Chez le fromager

Beurre de baratte : 170 g
Chèvre frais : 4
Comté : 200 g
Emmental : 200 g
Gorgonzola : 150 g
Parmesan : 125 g

Chez le poissonnier

8 harengs frais écaillés et vidés

Chez le boucher

Bacon : 10 tranches fines
Blancs de poulet : 300 g
Carpaccio de bœuf : 600 g
Jambon cru : 4 tranches fines
Sauté de porc : 600 g

PETITS DÉJEUNERS

BARRES DE CÉRÉALES MOELLEUSES AUX FIGUES

Pour 8 barres

75 g de beurre de baratte
35 g de sucre complet
2 bananes
100 g de flocons d'avoine
50 g de figues séchées coupées en morceaux
Huile de tournesol

1. Préchauffez le four à 180 °C (th. 6).
2. Faites fondre le beurre avec le sucre.
3. Écrasez les bananes à la fourchette et mélangez-les aux flocons d'avoine. Ajoutez le beurre fondu, le sucre complet et les morceaux de figues.
4. Huilez une plaque de four et étalez le mélange sur 1 cm d'épaisseur pour obtenir un rectangle. Faites cuire 20 minutes au four.
5. À la sortie du four, découpez des barres et laissez refroidir.

Ces barres se conservent 1 semaine dans une boîte en fer.

PUDDING DE PAIN RASSIS

Pour 4 à 6 parts

50 cl de boisson végétale
50 g de sucre complet
3 œufs
1 cuillerée à café de cannelle
150 g de pain, viennoiseries ou brioche rassis

1. Préchauffez le four à 180 °C (th. 6).
2. Dans une casserole, faites chauffer la boisson végétale et le sucre. Dans un saladier, battez les œufs puis versez la boisson végétale par-dessus. Ajoutez la cannelle et le pain. Mélangez bien et laissez reposer environ 15 minutes jusqu'à ce que le pain soit bien mou.
3. Versez la préparation dans un moule à cake et faites cuire 45 minutes au four.

ASTUCE

Vous pouvez ajouter selon vos goûts du chocolat noir haché, des raisins secs, des lamelles de pommes, etc.

CARROT CAKE SANTÉ

Pour 1 moule de 20 cm (6 parts)

120 g de farine de petit épeautre
1 pincée de bicarbonate alimentaire
60 g de sucre complet
2 œufs
15 cl de boisson végétale (voir p. 119)
200 g de carottes épluchées et râpées
3 cl d'huile d'olive + pour le moule

1. Préchauffez le four à 180 °C (th. 6).
2. Dans un saladier, versez la farine, le bicarbonate et le sucre. Ajoutez les œufs et la boisson végétale puis mélangez. Versez l'huile et incorporez-la rapidement pour obtenir une pâte bien lisse.
3. Ajoutez les carottes râpées.
4. Versez dans un moule préalablement huilé et faites cuire 25 minutes au four.

ASTUCE
Vous pouvez conserver ce gâteau directement dans le moule couvert d'une charlotte en tissu.

BOWL CAKE POIRE-CHOCOLAT

Pour 1 bowl cake

1 œuf
3 cuillerées à soupe de boisson végétale
30 g de flocons d'avoine
1 pincée de bicarbonate alimentaire
1 poire épluchée et coupée en cubes
10 g de pistoles de chocolat noir

1. Battez l'œuf en omelette. Ajoutez la boisson végétale, les flocons d'avoine, le bicarbonate et la poire en cubes.
2. Versez dans un bol et insérez les pistoles de chocolat au centre pour avoir un cœur coulant. Faites cuire 10 minutes au bain-marie.

PANCAKES AUX POMMES

Pour 4 personnes

2 pommes
2 œufs
20 cl de boisson végétale (p. 119)
80 g de farine de petit épeautre
1 pincée de bicarbonate alimentaire

1. Épluchez les pommes et râpez-les.
2. Dans un saladier, mélangez les œufs et la boisson végétale. Ajoutez la farine petit à petit ainsi que le bicarbonate. Quand la pâte est homogène, incorporez les pommes.
3. Faites chauffer une poêle à crêpes sur feu modéré. Quand elle est chaude, déposez de petits tas de pâte (une bonne cuillerée à soupe) et faites cuire 1 minute environ. Retournez les pancakes et faites cuire encore 1 minute.
4. Servez chaud !

PLATS

SALADE DE LENTILLES VERTES, POIRE ET GORGONZOLA

Pour 4 personnes

200 g de lentilles vertes
2 poires bien juteuses
1 citron
150 g de gorgonzola
1 cuillerée à soupe de vinaigre balsamique
1 cuillerée à café de miel
4 cuillerées à soupe d'huile d'olive
Sel, poivre

1. Faites cuire les lentilles dans un grand volume d'eau. Ne salez pas l'eau de cuisson car cela a tendance à faire durcir les légumes secs. Quand elles sont cuites, laissez refroidir.
2. Épluchez les poires et coupez-les en petits cubes. Déposez-les dans un saladier et ajoutez un trait de jus de citron pour éviter qu'ils ne noircissent.
3. Coupez le gorgonzola en cubes.
4. Préparez la vinaigrette en mélangeant le jus de citron restant, le vinaigre, le miel et l'huile d'olive. Salez et poivrez.
5. Mélangez dans un grand saladier les lentilles, les dés de poires et la vinaigrette. Dans 4 assiettes creuses, déposez une portion de préparation aux lentilles puis des morceaux de gorgonzola sur le dessus.

CROQUE-MONSIEUR CHÈVRE, FIGUE ET JAMBON CRU, SALADE VERTE

Pour 4 personnes (2 croque-monsieur par personne)

4 fromages de chèvre frais
4 figues
4 tranches de jambon cru
1 pain de mie du boulanger en tranches (16 tranches minimum)
1 salade

Pour la vinaigrette

1 cuillerée à soupe de vinaigre balsamique
1 cuillerée à café de miel
3 cuillerées à soupe d'huile d'olive
Sel, poivre

1. Coupez les fromages de chèvre frais en deux dans le sens de la largeur, les figues en tranches fines et les tranches de jambon cru en 2 morceaux.
Pour chaque croque-monsieur, prenez 2 tranches de pain de mie et placez à l'intérieur ½ chèvre frais, 1 morceau de jambon cru et ½ figue tranchée.
2. Si vous avez un appareil à gaufres ou à croque-monsieur, c'est l'idéal. Sinon, faites-les cuire au four 5 minutes à 180 °C (th. 6).
3. Servez avec la salade arrosée de vinaigrette.

POÊLÉE DE CHOU ROUGE AUX POMMES ET RIZ COMPLET

Pour 4 personnes

½ chou rouge (ou 1 petit)
2 pommes
1 cuillerée à soupe de vinaigre balsamique
1 cuillerée à soupe de sucre complet
½ verre d'eau
200 g de riz complet
1 cuillerée à soupe d'huile
Sel, poivre

1. Coupez le chou rouge en fines lamelles en ôtant les plus grosses côtes centrales. Placez dans une passoire et rincez bien.
2. Dans une grande cocotte, faites chauffer l'huile sur feu doux puis ajoutez le chou, du sel et du poivre. Laissez cuire 5 minutes puis ajoutez les pommes en cubes, le vinaigre, le sucre et l'eau. Fermez la cocotte et laissez cuire environ 30 minutes.
3. Pendant ce temps, faites cuire le riz complet. Servez avec le chou aux pommes.

CHILI SIN CARNE

Pour 4 personnes

1 oignon
2 carottes
1 cuillerée à café de paprika
1 cuillerée à café de coriandre moulue
1 cuillerée à café de cumin moulu
1 pointe de couteau de piment en poudre
1 cuillerée à café d'herbes de Provence
1 bocal en verre de tomates concassées de 400 g
1 cuillerée à soupe de sucre complet
500 g de haricots rouges (250 g trempés une nuit et cuits 35 minutes dans de l'eau bouillante)
200 g de riz semi-complet
2 cuillerées à soupe d'huile d'olive
Sel, poivre

1. Émincez finement l'oignon et coupez les carottes en rondelles.
2. Dans une grande cocotte, faites chauffer l'huile d'olive et faites-y revenir les légumes une dizaine de minutes à feu doux. Ajoutez les épices ainsi que les herbes de Provence et remuez 1 à 2 minutes pour libérer les arômes.
3. Ajoutez la tomate et une fois et demie son volume d'eau. Versez la cuillerée de sucre, salez, poivrez et laissez mijoter 5 minutes.
4. Ajoutez les haricots à la sauce et faites cuire sur feu doux 15 à 20 minutes jusqu'à ce que la sauce épaississe.
5. Faites cuire le riz dans de l'eau bouillante et servez avec le chili.

TARTINE DE SALSA À L'AVOCAT ET SALADE DE CHOU ROUGE

Pour 4 personnes

2 avocats mûrs
Le jus de 1 citron
1 oignon rouge
1 cuillerée à café de vinaigre balsamique
2 cuillerées à café d'huile d'olive
½ chou rouge
8 tranches de pain complet
Sel, poivre

Pour la vinaigrette

2 cuillerées à soupe de vinaigre balsamique
4 cuillerées à soupe d'huile d'olive
1 cuillerée à café de miel
Sel, poivre

1. Coupez les avocats en petits cubes. Déposez-les dans un saladier et arrosez de jus de citron. Ajoutez l'oignon finement émincé, le vinaigre et l'huile d'olive. Salez et poivrez.
2. Lavez le chou rouge et découpez-le en fines lanières.
3. Préparez la vinaigrette et mélangez au chou.
4. Disposez la salsa d'avocat sur les tranches de pain complet.
5. Servez 2 tartines par personne avec de la salade de chou et, si vous le souhaitez, parsemez de noyau d'avocat grillé.

POTIMARRON FARCI DE STÉPHANIE

Pour 4 personnes

4 petits potimarrons
2 gousses d'ail
60 cl de crème végétale
200 g de comté
Sel, poivre

1. Préchauffez le four à 180 °C (th. 6).
2. Lavez les potimarrons et découpez un chapeau sur le dessus. Ôtez les pépins avec une cuillère à soupe.
3. Émincez finement les gousses d'ail. Mélangez avec la crème, salez et poivrez. Répartissez la crème dans les potimarrons puis parsemez le comté coupé en cubes.
4. Déposez les potimarrons sur une plaque de four et remettez les chapeaux sur le dessus. Enfournez pour 1 heure de cuisson.

Faire sa crème de soja maison

190 g de boisson au soja
2 cuillerées à café d'huile d'olive
2 cuillerées à café de vinaigre de cidre

1. Mettez tous les ingrédients dans un blender et mixez pendant 1 minute.
2. Si vous utilisez cette crème dans une préparation salée, vous pouvez ajouter des herbes de Provence et une pointe de sel.

BURGERS HEALTHY VÉGÉTARIENS

Pour 4 personnes

4 pains à hamburgers
Feuilles de salade

Pour les steaks
1 oignon
250 g de pois cassés cuits (125 g trempés 2 heures et cuits 40 minutes dans de l'eau bouillante)
3 cuillerées à soupe de farine de petit épeautre
2 cuillerées à soupe d'huile d'olive + pour la plaque
1 cuillerée à café de curry
Sel, poivre

Pour la mayonnaise
1 jaune d'œuf
1 cuillerée à soupe de moutarde
20 cl d'huile d'olive
Sel et poivre

1. Préchauffez le four à 190 °C (th. 6-7).
2. Commencez par réaliser les steaks. Dans un robot muni d'une lame, mettez l'oignon et mixez. Ajoutez les pois cassés et mixez de nouveau, en laissant quelques morceaux.
3. Versez dans un saladier et ajoutez la farine, l'huile d'olive, le curry, du sel et du poivre. Mélangez bien pour obtenir une pâte homogène.
4. Divisez la pâte en 4 boules et donnez-leur la forme de steaks. Déposez-les sur une plaque de four huilée et faites cuire 20 minutes au four, en retournant à mi-cuisson.
5. Pour la mayonnaise, émulsionnez le jaune d'œuf et la moutarde au fouet quelques instants. Versez l'huile d'olive en filet en battant constamment au fouet pour monter la mayonnaise. Salez et poivrez.
6. Ouvrez les pains à hamburgers. Tartinez-les de mayonnaise. Déposez un steak de pois cassés, quelques feuilles de salade et refermez.
7. Dégustez immédiatement.

ASTUCE

Pour réaliser des pains à hamburgers, mélangez 500 g de farine, 1 cuillerée à café de sel, 1 cuillerée à soupe de cassonade et 1 d'huile d'olive, 15 g de levure fraîche de boulanger et 30 cl d'eau tiède. Pétrissez 5 minutes pour obtenir une pâte souple. Laissez lever 1 heure sous un torchon. Dégazez la pâte et formez 4 boules. Laissez lever encore 1 heure sur une plaque huilée. Enfournez pour 15 minutes à 220 °C (th. 7-8) avec un bol d'eau chaude sur la grille du bas.

SAUTÉ DE PORC AUX CHAMPIGNONS ET PÂTES COMPLÈTES

Pour 4 personnes

600 g de sauté de porc
1 oignon
400 g de champignons frais au choix
Herbes de Provence
400 g de pâtes complètes
Huile d'olive
Sel, poivre

1. Dans une cocotte, faites revenir les morceaux de viande avec 1 cuillerée à soupe d'huile d'olive. Quand ils sont bien dorés, réservez-les.
2. Versez dans la sauteuse l'oignon émincé et les champignons en lamelles. Ajoutez 1 verre d'eau, des herbes de Provence, du sel et du poivre, puis laissez mijoter 15 minutes.
3. Ajoutez la viande et laissez cuire 30 minutes sur feu doux.
4. Pendant ce temps, faites cuire les pâtes dans un grand volume d'eau.
5. Servez le sauté de porc avec une portion de pâtes.

TARTE AUX POIREAUX ET VELOUTÉ DE CAROTTE

Pour 4 personnes

Pour la tarte

200 g de farine de petit épeautre + pour le plan de travail
8 cl d'eau froide
3 poireaux
2 œufs
200 g de crème de soja (voir p. 150)
Huile d'olive
Sel, poivre

Pour le velouté de carotte

1 oignon
1 kg de carottes
1 cuillerée à soupe d'huile
1 cuillerée à soupe de curry
1 l d'eau
Sel, poivre

1. Préchauffez le four à 190 °C (th. 6-7).
2. Mélangez ensemble la farine, 5 cl d'huile, l'eau et du sel pour former une boule de pâte. Étalez-la sur le plan de travail fariné et foncez un moule à tarte préalablement huilé.
3. Lavez les poireaux et coupez-les en rondelles. Faites-les revenir dans un wok avec 1 cuillerée à soupe d'huile pour qu'ils deviennent tendres. Salez et poivrez. Déposez sur la pâte.
4. Battez les œufs en omelette et ajoutez la crème de soja. Salez et poivrez ce mélange, puis versez-le sur les poireaux. Faites cuire 30 minutes au four.
5. Préparez le velouté : émincez l'oignon et coupez les carottes en rondelles. Faites revenir les légumes pendant 5 minutes avec l'huile dans une grande cocotte. Ajoutez le curry et l'eau et laissez cuire 30 minutes.

CARPACCIO DE BŒUF AU PARMESAN ET ROQUETTE

Pour 4 personnes

1 citron jaune
600 g de filet de carpaccio de bœuf tranché très finement
4 cuillerées à soupe d'huile d'olive vierge extra
100 g de parmesan
150 g de roquette
Sel, poivre

1. Pressez le citron. Disposez 150 g de filet de bœuf autour de chaque assiette en laissant un espace central pour y placer la roquette. Arrosez de jus de citron et d'huile d'olive. Hachez le parmesan en copeaux à l'aide d'un couteau et parsemez-en le carpaccio.
2. Lavez et essorez la roquette. Placez-la au centre de chaque assiette. Salez, poivrez et servez immédiatement.

RISOTTO DE QUINOA

Pour 4 personnes

1 petite butternut
1 oignon
300 g de blancs de poulet
200 g de quinoa
1 cuillerée à soupe de curry
Huile d'olive
Sel, poivre

1. Épluchez la courge. Coupez-la en petits cubes. Émincez l'oignon et coupez les blancs de poulet en morceaux.
2. Dans une grande cocotte antiadhésive, faites revenir l'oignon et la courge dans 1 cuillerée à soupe d'huile d'olive pendant environ 15 minutes. Ajoutez le poulet en morceaux et faites revenir 5 minutes supplémentaires.
3. Versez le quinoa dans la cocotte ainsi que le curry et couvrez d'eau.
4. Laissez cuire 15 minutes en remuant de temps en temps. Ajoutez de nouveau 1 verre d'eau, remuez bien et poursuivez la cuisson 10 minutes.
5. Quand le quinoa est tendre, salez et poivrez. Servez dans des assiettes creuses.

HARENGS AU FOUR ET POMMES DE TERRE PRIMEUR

Pour 4 personnes

1 kg de petites pommes de terre primeur
8 harengs frais écaillés et vidés par le poissonnier
2 oignons
30 cl de vin blanc
1 bouquet garni
Sel, poivre

1. Lavez et séchez les pommes de terre ainsi que les harengs. Mettez les poissons dans un plat allant au four.
2. Coupez les oignons en fines lamelles et répartissez-les sur les harengs. Versez le vin blanc dans le plat et ajoutez le bouquet garni. Salez et poivrez.
3. Faites cuire 25 minutes à 210 °C (th. 7).
4. Accompagnez des pommes de terre cuites à l'eau ou à la vapeur.

DESSERTS

RIZ AU LAIT AU FOUR

Pour 4 personnes

100 g de riz rond blanc
85 cl de boisson végétale (voir p. 119)
50 g de sucre complet
1 gousse de vanille

1. Préchauffez le four à 180 °C (th. 6).
2. Rincez bien le riz et faites-le précuire 2 minutes dans de l'eau bouillante.
3. Faites bouillir la boisson végétale avec le sucre et la gousse de vanille fendue.
4. Versez le riz dans un plat en verre allant au four puis la boisson végétale bouillante par-dessus. Prévoyez un plat assez grand pour contenir tout le liquide.
5. Mettez au four pour 1 h 30 de cuisson. Pendant ce temps, n'hésitez pas à mélanger une ou deux fois si vous passez devant le four. Le riz au lait est cuit quand toute la boisson végétale est absorbée.

ASTUCE

Vous pouvez aussi faire cuire le riz au lait à la casserole 40 minutes environ à feu doux sans cesser de remuer.

TARTE RUSTIQUE POIRE-CHOCOLAT

Pour 4 personnes

50 g de beurre + 1 noisette pour la plaque
200 g de farine de petit épeautre
+ pour le plan de travail
8 cl d'eau froide
3 cuillerées à soupe de sucre complet
6 poires
30 g de chocolat noir haché

1. Préchauffez le four à 180 °C (th. 6).
2. Faites fondre le beurre. Dans un grand saladier, mélangez la farine, le beurre fondu, l'eau et 1 cuillerée à soupe de sucre complet pour obtenir une boule de pâte. Farinez le plan de travail et étalez un rond de 20 cm de diamètre environ. Placez l'abaisse sur une plaque de four préalablement beurrée.
3. Épluchez les poires et coupez-les en fines lamelles. Garnissez le fond de tarte de lamelles en laissant 2 cm de pâte sur le tour qui serviront à refermer la tarte. Parsemez de chocolat noir haché et des 2 cuillerées à soupe de sucre restantes.
4. Refermez la tarte en repliant les bords et faites cuire 30 minutes au four.

APÉRITIF DÎNATOIRE

HOUMOUS DE POIS CASSÉS ET GRESSINS

Pour 1 bocal en verre de 1 l

Pour le houmous
280 g de pois cassés (140 g trempés 2 heures et cuits 40 minutes dans de l'eau bouillante)
1 gousse d'ail
Le jus de 1 citron
5 cl d'huile d'olive
Sel

Pour une dizaine de gressins
80 g de farine blanche
25 g de parmesan fraîchement râpé
2,5 cl d'huile d'olive + pour la plaque
3 cl d'eau froide
Herbes de Provence
Sel, poivre

1. Mixez grossièrement les pois cassés et l'ail à l'aide d'un robot. Ajoutez le jus de citron. Remettez le robot en marche et versez l'huile d'olive en filet petit à petit en continuant de mixer, jusqu'à obtenir une préparation lisse et homogène. Rectifiez l'assaisonnement avec un peu de sel et placez au frais jusqu'au moment de servir.
2. Pour les gressins, préchauffez le four à 180 °C (th. 6).
3. Dans un saladier, versez la farine et le parmesan. Incorporez l'huile d'olive, l'eau froide, du sel et du poivre. Malaxez pour obtenir une boule de pâte.
4. Divisez la pâte en 10 petites boules et étalez-les pour obtenir des boudins d'environ 20 cm. Parsemez d'herbes de Provence.
Disposez les gressins sur une plaque de four huilée et enfournez pour 15 minutes de cuisson.
5. Laissez refroidir et servez avec le houmous.

CAKE CROQUE-MONSIEUR

Pour 1 moule à cake

30 g de beurre
30 g de farine blanche
40 cl de boisson végétale
200 g d'emmental fraîchement râpé
Noix de muscade
9 tranches de pain de mie
10 tranches de bacon
Huile de tournesol pour le moule
Sel, poivre

1. Préparez la béchamel. Faites fondre le beurre dans une casserole et ajoutez la farine en remuant au fouet. Hors du feu, versez la boisson végétale petit à petit et laissez cuire jusqu'à épaississement en remuant constamment. Retirez du feu et incorporez 100 g d'emmental, 1 pincée de noix de muscade, du sel et du poivre. Mélangez bien pour que le fromage fonde.
2. Préchauffez le four à 180 °C (th. 6). Huilez un moule à cake.
3. Disposez une première couche de pain de mie sur le fond en étalant 3 tranches. Ajoutez un peu de béchamel, 5 tranches de bacon, 25 g d'emmental et encore de la béchamel. Renouvelez l'opération et terminez par une couche de pain de mie, quelques cuillerées de béchamel et du fromage sur le dessus.
4. Faites cuire et gratiner 25 minutes au four. Attendez que le cake soit froid pour le démouler et le découper en tranches.

ASTUCE
Vous pouvez réchauffer le cake au four quelques instants avant de servir.

VERRINES DE BUTTERNUT AUX NOISETTES

Pour 8 verrines

1 butternut d'environ 1 kg
1 oignon
2 cuillerées à soupe d'huile d'olive
100 g de noisettes
Sel, poivre

1. Épluchez la courge et coupez-la en morceaux. Dans une grande cocotte, faites revenir l'oignon finement émincé dans l'huile d'olive avec les morceaux de courge.
2. Couvrez d'eau chaude et faites cuire 30 minutes. Salez, poivrez et mixez la préparation au blender.
3. Concassez les noisettes et ajoutez-en la moitié à la préparation.
4. Remplissez les verrines et décorez avec le reste de noisettes.

FLAN AUX POMMES

Pour 4 personnes

3 œufs
80 g de cassonade
50 cl de boisson végétale
2 pommes

1. Préchauffez le four à 200 °C (th. 6-7).
2. Fouettez les œufs avec la cassonade. Pendant ce temps, faites bouillir la boisson végétale. Versez-la lentement sur les œufs tout en mélangeant au fouet.
3. Épluchez les pommes et coupez-les en petits cubes. Placez quelques morceaux de pomme au fond de chaque ramequin. Versez la préparation par-dessus en vous arrêtant à 1 cm du bord pour éviter que les crèmes ne débordent à la cuisson.
4. Disposez les ramequins dans un grand plat allant au four rempli d'eau et faites cuire 30 minutes au bain-marie.

PLANNING DU MENU

LUNDI

Matin
Gaufres aux flocons d'avoine, miel Mandarine
Midi
Tortilla de patates douces, salade composée
Yaourt maison
Soir
Pois cassés au chorizo
Mousse au chocolat

MARDI

Matin
Pain d'épices maison
Midi
Pâtes au pesto d'hiver
Mousse au chocolat
Soir
Courges Mini-Jack farcies
Compote pomme-poire

MERCREDI

Matin
Porridge pomme-cannelle
Midi
Tarte au sarrasin, chèvre et miel, salade composée
Compote pomme-poire
Soir
Maigre au four et purée de lentilles corail
Yaourts maison

JEUDI

Matin
Gâteau poire-chocolat
Midi
Omelette de pois chiches, salade composée
Yaourt maison
Soir
One pot pasta saumon et épinards
Compote pomme-poire

VENDREDI

Matin
Giant cookie
Cocktail de fruits PCM
Midi
Poulet au curry et riz complet
Compote pomme-poire
Soir
Chorba végétarienne à l'orge et aux pois cassés
Yaourt maison

SAMEDI

Matin
Gaufres aux flocons d'avoine, miel Kaki
Midi
Petit épeautre au potimarron et à la féta
Compote pomme-poire
Soir
Courge spaghetti en sauce tomate
Mousse au chocolat

DIMANCHE : BRUNCH

Œufs brouillés au four • Fromage & charcuterie • Pain & viennoiserie • Banana bread aux amandes • Cocktail de fruits PCM • Chocolat chaud maison

HIVER

LISTE DE COURSES

Placard

Huile d'olive et huile de tournesol, vinaigre balsamique, sel, poivre, herbes de Provence, cannelle, curry, piment en poudre, épices à pain d'épices, miel

Rayon vrac

Chocolat noir en pistoles : 440 g
Farine de petit épeautre : 660 g
Farine de pois chiches : 125 g
Farine de sarrasin : 200 g
Flocons d'avoine : 400 g
Graines de lin : 20 g
Lentilles corail : 200 g
Œufs : 25
Orge mondé : 100 g
Pâtes complètes : 800 g
Petit épeautre : 200 g
Pois cassés : 350 g
Poudre d'amande : 165 g
Riz complet : 350 g
Sucre complet : 210 g

Épicerie

1 sachet de ferment pour yaourt
Boisson végétale : 2 l (voir p. 119)
Crème de soja : 1 brique de 20 cl (voir p. 150)
Lait de coco : 1 brique de 30 cl
Lait de vache : 2 l
Miel d'acacia : 1 pot de 250 g
Tomates concassées : 3 bocaux de 400 g
Vin blanc : 20 cl

Chez le poissonnier

Maigre : 1,5 kg, écaillé et vidé
Pavés de saumon : 400 g

Chez le boucher

Blancs de poulet : 600 g
Charcuterie au choix pour le brunch : 300 g
Chorizo : 150 g
Viande hachée de bœuf : 300 g

Chez le fromager

Beurre de baratte : 130 g
Chèvre : 200 g
Féta : 200 g
Fromages au choix pour le brunch
Parmesan : 40 g

Fruits et légumes

Ail : 1 tête
Bananes : 7
Bouquet garni : 1
Carottes : 7
Champignons : 5
Chou kale : 40 g
Citron : 1
Courges Mini-Jack : 10
Courges spaghetti : 2
Kakis : 4
Mandarines : 8
Oignons : 7
Patates douces : 2
Persil : 1 botte
Poireaux : 3
Poires : 9
Pommes : 14
Pommes de terre : 3
Potimarron : 1
Pousses d'épinards : 125 g

Les produits que je ne trouve pas en vrac se trouvent dans la catégorie « épicerie ». Ils sont cependant tous recyclables.

PETITS DÉJEUNERS

PAIN D'ÉPICES MAISON

Pour 1 moule à cake

250 g de miel d'acacia
18 cl de boisson végétale
250 g de farine de petit épeautre
1 cuillerée à café de bicarbonate alimentaire
10 g d'épices à pain d'épices
Huile de tournesol pour le moule

1. Préchauffez le four à 180 °C (th. 6).
2. Dans une casserole, chauffez le miel et la boisson végétale à feu doux, jusqu'à ce que le miel soit fondu. Dans un saladier, mélangez la farine, le bicarbonate et les épices. Versez petit à petit la boisson végétale aux épices pour obtenir un appareil homogène. Versez dans un moule à cake bien huilé.
3. Baissez la température du four à 150 °C (th. 5) et enfournez pour 30 à 40 minutes de cuisson.
4. Attendez que le pain d'épices soit totalement froid pour le démouler.

ASTUCE

Vous pouvez conserver ce pain d'épices plusieurs jours dans une boîte en fer ou un sac à vrac.

GAUFRES AUX FLOCONS D'AVOINE

Pour 12 gaufres

2 cuillerées à soupe de graines de lin
200 g de farine de petit épeautre
1 pincée de sel
1 cuillerée à café de bicarbonate alimentaire
75 g de flocons d'avoine
1 cuillerée à soupe de sucre complet
50 cl de boisson au soja
6 cl d'huile d'olive + pour le gaufrier

1. Dans un bol, mélangez les graines de lin dans 90 ml d'eau et laissez gonfler 10 minutes.
2. Dans un saladier, mélangez la farine, le sel, le bicarbonate, les flocons d'avoine et le sucre complet. Versez dans un blender les ingrédients secs. Ajoutez la boisson au soja, l'huile d'olive et les graines de lin. Mixez pour obtenir un appareil homogène.
3. Faites chauffer un gaufrier et graissez avec un peu d'huile. Quand il est chaud, versez un peu de pâte dans chaque empreinte et laissez cuire environ 5 minutes. C'est prêt !

ASTUCE

Tartinez les gaufres de miel, de confiture ou de crème de marrons.

GÂTEAU POIRE-CHOCOLAT

Pour 1 moule rond de 22 cm (4 à 6 parts)

120 g de farine de petit épeautre
1 pincée de bicarbonate alimentaire
60 g de sucre complet
2 œufs
20 cl de boisson végétale
3 cl d'huile d'olive + pour le moule
3 poires
50 g de pistoles de chocolat

1. Préchauffez le four à 180 °C (th. 6). Dans un saladier, versez la farine, le bicarbonate et le sucre. Ajoutez les œufs ainsi que la boisson végétale et mélangez. Versez l'huile et incorporez-la rapidement pour obtenir une pâte bien lisse.
2. Épluchez les poires et coupez-les en fines lamelles. Dans un moule bien huilé, répartissez les poires et les pistoles de chocolat. Versez la pâte par-dessus et enfournez pour 25 minutes de cuisson.
3. Attendez que le gâteau ait refroidi pour le démouler.

ASTUCE

Je n'achète jamais de pépites de chocolat. Au rayon vrac de mon magasin bio, il y a des pistoles de chocolat noir. Elles font la taille d'une pièce de monnaie environ. Je m'en sers dans les gâteaux en les brisant au couteau, pour faire du chocolat chaud ou pour obtenir du chocolat fondu pour mes préparations. Il reste bien plus abordable au kilo pour la même qualité. Seule la forme change, alors autant choisir cette option !

PORRIDGE POMME-CANNELLE

Pour 1 bol

1 pomme râpée
40 g de flocons d'avoine
20 cl de boisson végétale
1 pincée de cannelle

1. Mélangez tous les ingrédients dans une casserole et faites cuire 10 minutes à feu modéré.

ASTUCE

Vous pouvez ajouter une cuillerée de miel ou de sirop d'agave, pour une note encore plus gourmande !

GIANT COOKIE

Pour 1 cookie géant

1 banane
40 g de flocons d'avoine
Quelques brisures de chocolat noir
Huile de tournesol pour la plaque

1. Préchauffez le four à 180 °C (th. 6).
2. Dans un bol, écrasez la banane. Ajoutez les flocons d'avoine ainsi que le chocolat et mélangez pour obtenir une préparation homogène.
3. Façonnez un cookie géant sur une plaque de four huilée et enfournez pour 12 minutes de cuisson.

ASTUCE

Ce cookie se conserve dans une boîte en fer si vous le préparez la veille.

PLATS

TORTILLA DE PATATES DOUCES

Pour 4 personnes

1 poireau
2 grosses patates douces
1 cuillerée à café de curry en poudre
8 œufs
½ verre de boisson végétale (voir p. 119)
Huile d'olive ou de tournesol
Sel, poivre

1. Dans un wok, faites revenir le poireau émincé dans un filet d'huile.
2. Pendant ce temps, épluchez les patates douces et coupez-les en fines tranches que vous jetterez dans le wok. Salez, poivrez et faites cuire environ 20 minutes à feu doux jusqu'à ce qu'elles soient bien tendres. Ajoutez le curry.
3. Dans un saladier, battez les œufs en omelette puis versez la boisson végétale. Salez et poivrez légèrement la préparation.
4. Transférez les légumes dans une grande poêle et faites chauffer quelques instants. Versez les œufs dessus et laissez cuire à votre convenance.

ASTUCE
Vous trouverez des patates douces cultivées en France sur les étals bio du marché. Attention à celles des supermarchés, elles viennent bien souvent des États-Unis.

PÂTES AU PESTO D'HIVER

Pour 4 personnes

40 g de chou kale (seulement les feuilles)
10 cl d'huile d'olive
40 g de poudre d'amande
40 g de parmesan fraîchement râpé
1 pincée de sel
2 gousses d'ail
400 g de pâtes complètes

1. Rincez les feuilles de chou et retirez les côtes. Faites blanchir 2 minutes dans de l'eau bouillante. Rincez sous l'eau froide pour stopper la cuisson.
2. Mettez les ingrédients dans cet ordre dans le bol du blender : huile d'olive, chou, poudre d'amande, parmesan, sel, ail. Faites tourner à vitesse moyenne jusqu'à obtenir la consistance d'un pesto.
3. C'est prêt, et ça se mange à la cuillère pendant que les pâtes cuisent…

ASTUCE
Si vous ne trouvez pas de chou kale, vous pouvez le remplacer par de la roquette. On en déniche de plus en plus sur les étals des marchés ou en magasin bio !

TARTE AU SARRASIN, CHÈVRE ET MIEL

Pour 4 personnes

200 g de farine de sarrasin
+ pour le plan de travail
1 cuillerée à café d'herbes de Provence
5 cl d'huile d'olive + pour le moule
8 cl d'eau froide
200 g de chèvre
2 cuillerées à soupe de miel
Sel, poivre

1. Préchauffez le four à 180 °C (th. 6).
2. Dans un saladier, mettez la farine de sarrasin, 1 pincée de sel, 1 pincée de poivre et les herbes de Provence. Ajoutez l'huile ainsi que l'eau et commencez à mélanger avec une cuillère à soupe.
3. Quand la pâte commence à former une boule, continuez de pétrir à la main quelques instants.
4. Farinez le plan de travail, étalez la pâte puis foncez un moule à tarte préalablement huilé.
5. Disposez des morceaux de chèvre, arrosez de miel et enfournez pour 35 à 40 minutes.

OMELETTE DE POIS CHICHES

Pour 4 personnes

125 g de farine de pois chiches
1 cuillerée à café de bicarbonate alimentaire
1 pincée de curry
30 cl de boisson végétale
5 champignons de taille moyenne
1 poireau
1 oignon
Huile d'olive
Sel, poivre

1. Dans un saladier, versez la farine de pois chiches, le bicarbonate, le curry, 1 pincée de sel et 1 pincée de poivre.
2. Ajoutez la boisson végétale petit à petit en remuant au fouet pour éviter les grumeaux. Couvrez d'un torchon et laissez reposer le temps de préparer les légumes.
3. Lavez les champignons et le poireau. Coupez tous les légumes en fines rondelles et faites revenir dans une poêle avec de l'huile d'olive, environ 15 minutes à feu doux.
4. Quand les légumes sont cuits, versez la préparation comme pour une omelette. Couvrez et laissez cuire 5 à 10 minutes à feu doux, jusqu'à ce que le dessus ne soit plus liquide.

POULET AU CURRY ET RIZ COMPLET

Pour 4 personnes

1 oignon
600 g de blancs de poulet
1 cuillerée à soupe d'huile d'olive
30 cl de lait de coco
1 bonne cuillerée à soupe de curry en poudre
200 g de riz complet
Sel, poivre

1. Détaillez l'oignon en fines lamelles et le poulet en cubes.
2. Dans une cocotte, faites revenir l'oignon dans l'huile. Une fois qu'il est bien doré, ajoutez le poulet et laissez cuire 5 minutes. Versez le lait de coco, 3 cuillerées à soupe d'eau et le curry. Salez, poivrez puis baissez le feu.
3. Faites mijoter 15 minutes environ à feu doux, jusqu'à ce que la sauce épaississe et que le poulet devienne tendre.
4. Faites cuire le riz puis servez dans des assiettes creuses, avec le poulet en sauce.

PETIT ÉPEAUTRE AU POTIMARRON ET À LA FETA

Pour 4 personnes

200 g de petit épeautre (à faire tremper la journée dans un bol d'eau avant de le cuire)
1 potimarron de taille moyenne
200 g de feta
2 cuillerées à soupe de jus de citron
Huile d'olive
Sel, poivre

1. Faites cuire le petit épeautre dans de l'eau non salée pendant 20 minutes (45 minutes si vous ne l'avez pas fait tremper avant).
2. Préchauffez le four à 190 °C (th. 6-7).
3. Épluchez le potimarron et coupez-le en cubes d'environ 1 cm. Disposez les morceaux sur une plaque de four, salez, poivrez et arrosez d'huile d'olive.
4. Faites cuire 20 minutes environ, jusqu'à ce que les cubes deviennent tendres. Coupez la feta en morceaux et ajoutez-les sur la plaque. Remettez à cuire 10 minutes de plus.
5. Préparez une vinaigrette avec le jus de citron, 3 cuillerées à soupe d'huile d'olive, du sel et du poivre. Versez cette dernière sur le petit épeautre encore tiède et remuez.
6. Dans de grands bols, disposez les céréales puis le mélange de potimarron et de feta. Dégustez tiède, c'est un délice !

POIS CASSÉS AU CHORIZO

Pour 4 personnes

1 oignon
150 g de chorizo
250 g de pois cassés
1 bocal de 400 g de tomates concassées
Huile d'olive
Sel, poivre

1. Dans une grande cocotte en fonte, faites revenir l'oignon émincé dans 1 cuillerée à soupe d'huile d'olive. Coupez le chorizo en cubes et ajoutez-le aux oignons. Laissez revenir 5 minutes à feu modéré.
2. Pendant ce temps, rincez les pois cassés.
3. Une fois les oignons et le chorizo colorés, versez les pois cassés dans la cocotte, ainsi que la tomate. Salez, poivrez et couvrez d'eau.
4. Faites cuire 40 minutes à feu doux, en remuant de temps en temps et en ajoutant de l'eau à mi-cuisson si nécessaire.

ASTUCE

S'il vous reste un fond de casserole, il suffit de le passer au mixeur le lendemain et vous obtiendrez une délicieuse « tartinade » pour l'apéritif !

COURGES MINI-JACK FARCIES

Pour 10 farcis

10 courges Mini-Jack
1 oignon
300 g de viande hachée de bœuf
150 g de riz complet
2 bonnes cuillerées à soupe de curry en poudre
Huile d'olive
Sel, poivre

ASTUCE

Une fois hachée, la viande de bœuf a tendance à s'oxyder assez vite, surtout si elle n'est pas assaisonnée.
Alors un petit conseil : filez le jour même chez le boucher avec un grand bocal en verre et cuisinez la farce dans les heures qui suivent !

1. Préchauffez le four à 190 °C (th. 6-7).
Dans un grand faitout, mettez les courges et couvrez d'eau froide. Portez à ébullition et faites cuire 15 à 20 minutes, jusqu'à ce qu'elles soient tendres (vous pouvez y enfoncer la lame d'un couteau).
2. Pendant ce temps, préparez la farce. Coupez l'oignon en petits cubes. Faites chauffer 1 cuillerée à soupe d'huile d'olive dans un wok et faites-le revenir. Ajoutez la viande et laissez cuire 5 minutes.
3. Versez le riz cru et remuez constamment 3 à 4 minutes sur feu doux, jusqu'à ce qu'il soit translucide.
4. Ajoutez 50 cl d'eau, le curry, du sel et du poivre. Couvrez et laissez cuire 15 à 20 minutes en remuant souvent.
5. Quand toute l'eau est absorbée, goûtez le riz. S'il n'est pas tout à fait cuit, ajoutez un peu de liquide et poursuivez la cuisson quelques minutes. Quand il est cuit, laissez-le reposer un peu pour qu'il finisse de gonfler.
6. Quand les courges sont cuites et refroidies, coupez un chapeau sur chacune d'elles et retirez les pépins. Garnissez du riz à la viande et remettez les chapeaux.
7. Disposez les légumes dans un grand plat à four avec 1 cm d'eau au fond et faites cuire 15 minutes.

MAIGRE AU FOUR ET PURÉE DE LENTILLES CORAIL

Pour 4 personnes

200 g de lentilles corail
2 carottes
2 pommes de terre
1 oignon
1,5 kg de maigre (vidé et la tête coupée par le poissonnier)
Herbes de Provence
20 cl de vin blanc
Sel, poivre

1. Rincez les lentilles à l'eau froide. Lavez et épluchez les carottes et les pommes de terre, puis coupez-les en gros cubes. Mettez-les ainsi que les lentilles dans une casserole, couvrez d'eau et faites cuire 30 minutes environ.
2. Au bout de ce temps, il ne reste que très peu d'eau dans la casserole car les lentilles ont presque tout absorbé. Salez, poivrez et versez dans un blender en veillant à ce qu'il n'y ait pas trop de jus. Mixez jusqu'à obtenir la consistance d'une purée.
3. Préchauffez le four à 200 °C (th. 6-7).
4. Coupez l'oignon en fines lamelles.
5. Dans un grand plat allant au four, déposez le poisson. Farcissez-le avec des lamelles d'oignon puis disposez le reste autour. Parsemez d'herbes de Provence et arrosez d'un verre de vin blanc. Salez, poivrez et enfournez pour 25 minutes de cuisson.
6. Servez avec la purée et dégustez bien chaud.

ONE POT PASTA SAUMON ET ÉPINARDS

Pour 4 personnes

1 oignon
400 g de pavés de saumon
400 g de pâtes complètes (penne, farfalle…)
125 g de pousses d'épinards
20 cl de crème de soja (voir p. 150)
Sel, poivre

1. Coupez l'oignon en fines lamelles et le saumon en cubes.
2. Dans une grande cocotte, mettez dans l'ordre suivant : les pâtes, l'oignon, le saumon, les épinards, la crème, du poivre et du sel.
3. Couvrez d'eau froide et laissez cuire 15 minutes à feu doux en remuant régulièrement. C'est prêt !

CHORBA VÉGÉTARIENNE À L'ORGE ET AUX POIS CASSÉS

Pour 4 personnes

100 g d'orge mondé
(ou, à défaut, de l'épeautre)
100 g de pois cassés
1 poireau
1 carotte
1 pomme de terre
1 gousse d'ail
1 cuillerée à soupe d'huile d'olive
1 bocal de tomates
concassées de 400 g
1 bouquet garni
1 petite botte de persil
1 pointe de piment en poudre
2 l d'eau
Sel, poivre

1. Deux heures avant de commencer la préparation, mettez à tremper l'orge et les pois cassés, séparément.
2. Coupez le poireau en rondelles, la carotte et la pomme de terre en petits cubes, et émincez finement la gousse d'ail.
3. Faites revenir le poireau avec l'huile d'olive à feu doux pendant 5 minutes environ. Ajoutez l'ail, la tomate, le bouquet garni, le persil ainsi que le piment, puis laissez mijoter 2 à 3 minutes, toujours à feu doux.
4. Versez l'orge, les pois cassés et l'eau. Salez, poivrez et couvrez. Faites cuire 10 minutes à feu modéré. Ajoutez la carotte et la pomme de terre et poursuivez la cuisson 40 minutes en remuant de temps en temps.
5. La soupe va épaissir. Si elle devient trop épaisse, ajoutez un peu d'eau, mais avec une cuisson à feu modéré la texture sera normalement parfaite. Ce plat se conserve jusqu'à 3 jours au frais et se déguste avec du bon pain.

COURGE SPAGHETTI EN SAUCE TOMATE

Pour 4 personnes

2 courges spaghetti
1 oignon
1 bocal de tomates
concassées de 400 g
1 cuillerée à soupe d'herbes de Provence
1 cuillerée à soupe de sucre complet
Huile d'olive
Sel, poivre

1. Préchauffez le four à 180 °C (th. 6).
Coupez les courges en deux dans le sens de la longueur. Avec un pinceau, badigeonnez les faces coupées avec un peu d'huile d'olive. Mettez au four pour 50 minutes de cuisson.
2. Pendant ce temps, faites chauffer 1 cuillerée à soupe d'huile dans une cocotte sur feu modéré. Coupez l'oignon en lamelles très fines et faites-le suer doucement. Quand il est translucide, ajoutez la tomate concassée, les herbes de Provence, le sucre et 20 cl d'eau. Salez, poivrez et laissez réduire un peu environ 30 minutes sur feu modéré.
3. Sortez la courge du four et laissez tiédir. Avec une fourchette, prélevez les « spaghettis » des deux moitiés de courge et ajoutez-les dans la cocotte. Mélangez avec la sauce tomate.

ASTUCE

Petite astuce pour un apéritif zéro déchet : vous pouvez récupérer les pépins de la courge. Il suffit de bien les rincer et de les sécher dans un torchon. Répartissez-les sur une plaque de four parsemée de sel et faites cuire 25 à 30 minutes à 180 °C (th. 6). Servez comme des cacahuètes !

DESSERTS

YAOURTS MAISON

Pour 7 yaourts

1 sachet de ferment pour yaourts (au rayon frais des boutiques bio)
1 l de lait de vache entier

1. Mettez le ferment dans un saladier. Versez petit à petit le lait à température ambiante, en mélangeant au fouet pour éviter les grumeaux.
2. Versez dans vos pots à yaourt préalablement garnis de vos parfums préférés et faites prendre dans la yaourtière 8 à 10 heures.
3. Placez au frais au moins 2 heures avant de déguster.

MOUSSE AU CHOCOLAT

Pour 8 pots

200 g de chocolat noir
80 g de beurre
4 œufs
40 g de sucre complet

1. Faites fondre ensemble le chocolat et le beurre. Montez les blancs en neige ferme et serrez-les avec le sucre.
2. Ajoutez les jaunes d'œuf dans le chocolat. Incorporez les blancs montés à l'aide d'une Maryse pour éviter qu'ils ne retombent.
3. Versez dans une grande boîte en plastique ou dans des pots de yaourt et laissez prendre au moins 2 heures au frais. Régalez-vous !

COMPOTE POMME-POIRE

Pour 1 bocal en verre de 1 l

1 kg de pommes
1 kg de poires

1. Épluchez les pommes et les poires puis coupez-les en petits cubes. Dans une grande cocotte, disposez les fruits et versez 1 verre d'eau.
2. Laissez cuire 30 minutes à feu doux en ajoutant de l'eau en cours de cuisson si nécessaire (la compote ne doit pas attacher). Une fois les fruits cuits, éteignez le feu et ajoutez le miel.
3. Vous pouvez mixer la compote ou la garder en morceaux selon vos préférences. Cette compote se conserve 1 semaine en bocal.

BRUNCH DU DIMANCHE

ŒUFS BROUILLÉS AU FOUR

Pour 4 belles portions

50 g de beurre de baratte
12 œufs extra-frais
25 cl de boisson végétale (voir p. 119)
Sel, poivre

1. Préchauffez le four à 180 °C (th. 6).
Faites fondre le beurre et versez-le dans un plat allant au four.
2. Dans un saladier, battez les œufs, puis ajoutez la boisson végétale, du sel et du poivre. Versez dans le plat et mélangez rapidement avec le beurre.
3. Faites cuire 10 minutes et mélangez. Poursuivez la cuisson 10 minutes et vos œufs brouillés sont prêts !

BANANA BREAD AUX AMANDES

Pour 1 moule à cake

3 bananes
3 œufs
50 g de sucre complet
70 g de farine de petit épeautre
125 g de poudre d'amande
1 pincée de bicarbonate alimentaire
50 g de pistoles de chocolat

1. Préchauffez le four à 180 °C (th. 6)
2. Dans un grand saladier, écrasez les bananes. Ajoutez les œufs ainsi que le sucre et mélangez bien.
3. Versez la farine, la poudre d'amande et le bicarbonate. Fouettez pour obtenir un mélange bien homogène. Ajoutez en dernier les pistoles de chocolat et versez dans le moule à cake.
4. Faites cuire 30 minutes au four.

COCKTAIL DE FRUITS PCM

Pour 1 verre de jus

1 pomme
1 carotte
1 mandarine

1. Lavez les fruits et légumes et passez-les à la centrifugeuse. S'ils sont bio, vous pouvez garder la peau.
2. C'est prêt !

CHOCOLAT CHAUD MAISON

Pour 1,5 l

1 l de lait demi-écrémé
100 g de chocolat noir en pistoles
20 cl d'eau
4 cuillerées à soupe de sucre complet

1. Mettez tous les ingrédients dans une grande casserole et faites chauffer sur feu modéré jusqu'à ce que le chocolat et le sucre soient fondus. Mélangez vivement au fouet et laissez refroidir.
2. Versez dans une bouteille et gardez au frais jusqu'au moment de déguster. Il suffira de secouer la bouteille.
3. Vous pouvez réchauffer ce chocolat ou le déguster froid selon vos envies.

CONSERVER, RECYCLER, TRIER

STOCKAGE & CONSERVATION

Dans ma quête d'une alimentation plus saine et plus bio, je me suis posé un tas de questions sur l'agencement de ma cuisine, sur les ustensiles inutiles que je pouvais avoir chez moi, et aussi sur la façon dont je faisais mes courses. Cette évolution a déclenché une envie de consommer autrement, de limiter le plastique, de réduire mes déchets. C'est pourquoi je me suis tournée vers les produits en vrac. Seulement au départ, plusieurs problématiques se sont présentées :

1) L'achat en vrac nécessitait tout de même un ou plusieurs sachets plastique (ou kraft en fonction du lieu où je me trouvais). Si pour une grappe de banane c'est assez facile de faire sans, pour acheter des lentilles corail, c'est un peu plus compliqué...

J'ai donc recherché des alternatives et je me suis orientée vers les sacs en coton bio. Vous pouvez les confectionner vous-même avec de la mousseline de coton bio (ou un autre tissu de préférence assez fin car certains magasins ne font pas la « tare » sur le sachet). Il suffit de réaliser plusieurs tailles de sachets type pochons (par exemple 15 x 20 cm, 20 x 25 cm et 25 x 30 cm) et d'y insérer une cordelette en coton et chanvre ou en lin bio pour le fermer. Vous pouvez également en acheter de tout faits.

2) La conservation : les produits en vrac, et notamment les produits bio, sont plus vulnérables aux attaques de « bestioles » (les mites alimentaires !), il faut donc conserver ces denrées en lieu sûr. J'ai opté pour ce que j'avais chez moi au départ, c'est-à-dire des boîtes type Tupperware® en plastique dont je me suis débarrassé assez vite car les mites réussissaient à s'y infiltrer et le goût des aliments était altéré par le plastique. J'ai changé pour des bocaux en verre (matériau écolo et recyclable), disponibles en toutes sortes de tailles et bien plus esthétiques dans ma cuisine. Le fait qu'elles soient transparentes m'aide également à mieux m'organiser : je sais exactement ce qu'il me reste sans perdre de temps à chercher une boîte au fond du placard.

De nombreux magasins donnent la possibilité d'acheter en vrac. Les magasins d'alimentation biologique, les épiceries vrac, directement chez les producteurs (ils sont en général d'accord pour remplir vos bocaux), les fromageries, les boucheries...

Voici comment je m'organise :

- 6 bocaux de 1,8 litre pour conserver : les pâtes, le riz, les céréales...
- 6 bocaux de 1 litre pour conserver : les lentilles, les fruits secs, les oléagineux...
- 6 bocaux de 500 ml pour conserver les graines de sésame, de lin, de chia, de courge...
- Des pots à confiture recyclés pour conserver le sel, les épices...
- Un grand bocal pour conserver les gâteaux faits maison pour le goûter des enfants (et des grands) que je prépare à l'avance pour la semaine (je suis organisée !).

OPTIMISEZ LA CONSERVATION DES ALIMENTS

Le gaspillage alimentaire passe par la bonne conservation des aliments. Pour moins gaspiller, il vaut mieux conserver et donc bien ranger et au bon endroit…

❶ Rangez vos courses rapidement lorsque vous rentrez chez vous.

❷ Si vous souhaitez congeler des aliments, faites-le immédiatement.

❸ Lavez régulièrement votre réfrigérateur avec un nettoyant sain (voir p. 26) ou du vinaigre blanc.

FAITES LA “ROTATION»

Triez vos aliments de façon à avoir accès à ceux qu'il faut consommer ou qui se périment en premier.

COMMENT DOIS-JE RANGER MON RÉFRIGÉRATEUR ?

◈ **LA PARTIE HAUTE** : viandes rouges, volailles, poissons, charcuteries, fromages au lait cru, jus de fruit frais…

◈ **DANS LA PARTIE CENTRALE** : plats, viandes et poissons cuits, yaourts, fromages

◈ **DANS LA PARTIE BASSE** : légumes et fruits frais

◈ **DANS LA PORTE** : beurre, confitures, sauces, laits, boissons végétales…

Le saviez-vous ?

Entretenir son réfrigérateur pour conserver les aliments plus longtemps !

Il est recommandé de laver son réfrigérateur tous les 2 mois. Pour chasser les mauvaises odeurs de votre réfrigérateur, versez une cuillerée à soupe de bicarbonate de soude dans un récipient (mini-bol) dans la porte du réfrigérateur. Vous pouvez également placer un citron déjà utilisé (ouvert et non recouvert) dans la porte du réfrigérateur.

SAY NO TO

PAS DE SUREMBALLAGES

Si on peut éviter d'apporter des emballages à la maison, c'est évidemment le mieux, mais parfois certains produits sont emballés dans des emballages cartonnés ou plastifiés. L'idéal est de les enlever afin de limiter le risque de contamination bactérienne (et bien sûr, triez-les).

POISSONS ET CRUSTACÉS

Rincez-les à l'eau froide avant de les ranger dans un bocal ou récipient hermétique.

VIANDES

Déposez les viandes dans un bocal ou récipient hermétique.

LÉGUMES

Déposez les légumes tels quels dans le bac. Ne les lavez pas car ils risqueraient de garder l'humidité et de pourrir plus vite. Lavez-les juste avant leur consommation.

LES HERBES AROMATIQUES FRAÎCHES

Enroulez-les dans un torchon que vous aurez humidifié et gardez-les dans le bac à légumes. Ne laissez pas les légumes et fruits dans des sachets plastiques, ils retiennent l'humidité et les aliments pourrissent plus vite.

Mémo green

DURÉES DE CONSERVATION AU FRAIS

Poulet : 4 jours
Agneau : 3 jours
Bœuf : 3 jours
Poisson : 2 jours
Plats cuisinés : 3 jours
Porc : 2 jours
Volailles cuites (poulet rôti) : 4 jours
Riz cuit : 3 jours
Pâtes cuites : 3 jours

DURÉES DE CONSERVATION DANS LE PLACARD

Les céréales : 6 à 9 mois
Pâtes : 1 an
Riz : 1 an
Épices : Plusieurs années
Farines : 6 à 9 mois
Graines : 1 an
Légumineuses : 1 an
Herbes sèches : 6 mois

LE SÉCHAGE

Sécher ou déshydrater permet de maximiser l'utilisation des restes et évite le gaspillage alimentaire, cela permet également de garder plusieurs mois des denrées qui, à l'origine, ne se conservent que quelques jours.

Ingrédients

Fruits, légumes
et champignons

1. Épluchez vos fruits et légumes à peau épaisse et gardez les autres tels quels. Dénoyautez les fruits.
Coupez-les en rondelles.
2. Blanchissez les légumes pendant 3 minutes dans l'eau bouillante et placez-les dans l'eau froide quelques secondes pour fixer la couleur et les arômes.
3. Placez-les sur des claies en bois (ne les empilez pas) et retournez-les régulièrement – plusieurs jours jusqu'à ce qu'ils soient totalement secs. La nuit, rentrez-les pour les protéger de l'humidité.
4. Placez-les dans un bocal en verre hermétique.

Le bon réflexe

SÉCHEZ LES HERBES

Faites sécher vos herbes aromatiques pour les conserver plusieurs mois dans le placard. Faites de petits bouquets d'herbes que vous fixez avec un morceau de corde, puis suspendez-les tête retournée pendant plusieurs jours ; dès que les herbes sont sèches (elles sont friables), vous pouvez les conserver dans un bocal et vous en servir toute l'année.

LA CONGÉLATION

Le bon réflexe

LA CONGÉLATION

La congélation est la solution la plus efficace pour conserver presque tous les ingrédients facilement, et c'est finalement celle qui nous aide à moins gaspiller et jeter.

COMMENT BIEN CONGELER ?

Congelez de préférence dans des contenants en verre munis d'un couvercle hermétique ou d'un bocal sans bisphénol A. Évitez les sachets en plastique si possible.

Pensez à congeler les petites portions dans des bacs à glaçons (fond de sauce, bouillon, sauce tomate, reste de vinaigrette pourquoi pas).

Et n'oubliez pas la règle de base : ne jamais recongeler un aliment décongelé.

Mémo green

DURÉE DE CONGÉLATION

Viandes : 8 mois

Poissons et coquillages : 6 mois

Fruits et légumes
(découpez-les avant de les congeler) :
10 mois

Herbes aromatiques : 9 mois

Le saviez-vous ?

Ne pas congeler

Crudités, salades, concombre, pomme de terre, fromages frais, œufs, yaourts.

FAITES DES CONSERVES

Pour conserver des légumes, des fruits très mûrs, une récolte de tomates « trop » fructueuse, pensez à faire des conserves ! C'est simple et économique.
Faites des confitures, des coulis de tomates, de la ratatouille, des terrines, des chutneys, des soupes, des légumes fermentés (voir astuces suivantes) et autres sauces que vous utiliserez tout au long de l'année.

Mode opératoire

Utilisez des ustensiles bien propres.

Stérilisez vos bocaux en les trempant 15 minutes dans de l'eau bouillante puis laissez-les sécher à l'air libre sur un linge propre.

Remplissez de votre préparation encore chaude vos bocaux à environ 1 cm du bord, puis fermez-les avec leur couvercle.

Retournez-les afin de chasser l'air à l'intérieur du bocal.

Stockez-les à l'abri de la lumière et de la chaleur (une cave par exemple).

CHUTNEY D'ÉCHALOTES

Ingrédients

400 g d'échalotes
3 cuillerées à soupe de raisins secs
40 cl de vin rouge
3 cuillerées à soupe d'huile d'olive
5 cuillerées à soupe de sirop d'agave
Sel, poivre

La recette

Pelez et émincez les échalotes dans le sens de la longueur.
Dans une casserole, faites revenir les échalotes dans l'huile d'olive sans qu'elles ne colorent.
Ajoutez le reste des ingrédients, couvrez et laissez mijoter pendant 15 minutes.
Remplissez sans attendre votre conserve jusqu'à 1 cm du rebord.
Retournez votre conserve pendant 1 h.

CONFITURE DE FIGUES AUX NOIX DE PÉCAN

Voici ma recette préférée de confiture de figues, mais libre à vous de choisir d'autres fruits de saison.

Ingrédients pour 4 pots de 250 ml

1,6 kg de figues fraîches bien mûres
500 g de sucre blond de canne
1 citron
1 cuillerée à café d'agar-agar en poudre
3 poignées de cerneaux de noix de pécan concassés

1. Rincez les figues puis coupez-les en quatre. Mettez-les dans un saladier avec le sucre et le jus de citron. Laissez mariner une nuit (ou au moins quelques heures).
2. Portez le mélange à ébullition puis laissez cuire à feu doux pendant 20 minutes. Ajoutez l'agar-agar et les noix de pécan puis laissez cuire encore 5 minutes.
3. Versez la confiture dans des pots, fermez-les puis retournez-les jusqu'à ce qu'ils aient totalement refroidi.

MOUTARDE

Ingrédients pour 1 bocal de 250 ml

150 g de graines de moutarde (blondes)
100 ml de vinaigre de cidre de pomme
100 ml de vin blanc
30 ml d'huile végétale neutre (colza)
50 g d'arrow-root
30 ml de miel liquide
2 à 3 g de sel de Guérande

1. Faites tremper les graines de moutarde dans le vinaigre pendant toute une nuit.
2. Versez tous les ingrédients dans un mixeur et mixez pour obtenir une texture homogène.
3. Versez tout dans une casserole et chauffez à feu doux jusqu'à épaississement.
4. Versez dans un bocal spécial, fermez et retournez le bocal jusqu'à refroidissement.

CHUTNEY DE MANGUE

Ingrédients pour 1 bocal de 250 ml

1 mangue mûre
2 pommes (type Canada)
70 ml de vinaigre balsamique blanc
3 cuillerées à soupe de sirop d'agave
1 gousse d'ail dégermée
1 pincée de piment d'Espelette
1 cuillerée à café de gingembre en poudre
1 pincée de sel de Guérande

1. Épluchez les fruits et coupez-les en dés.
2. Versez-les dans une casserole avec les autres ingrédients.
3. Laissez mijoter à feu doux pendant 1 heure.
4. Versez le chutney dans un pot, fermez-le puis retournez-le jusqu'à ce qu'il ait totalement refroidi.

KETCHUP BIO MAISON

Ingrédients pour 1 bocal de 250 ml

1,5 kg de tomates (n'hésitez pas à utiliser des tomates bien mûres)
1 oignon
80 g de sirop d'agave
100 ml de vinaigre blanc
1 bâton de cannelle
2 clous de girofle
1 cuillerée à café de céleri en poudre
1/2 cuillerée à café de piment de Cayenne
1/2 cuillerée à café de sel de Guérande

1. Coupez les tomates en quatre et hachez l'oignon. Déposez-les dans une marmite avec le piment de Cayenne. Faites cuire à feu vif pendant 15 minutes tout en mélangeant régulièrement.
2. Mixez le mélange finement au blender. Passez au chinois si votre blender n'est pas très puissant de façon à ôter les pépins et les peaux des tomates. Reversez le coulis obtenu dans la marmite et ajoutez le reste des ingrédients.
3. Laissez mijoter à couvert pendant 1 h 30, à feu doux, en mélangeant de temps en temps. Ôtez le bâton de cannelle ainsi que les clous de girofle.
4. Remplissez le bocal stérilisé encore chaud de ketchup bouillant, en laissant un espace libre d'1 cm. Essuyez le pot puis fermez-le. Faites pression sur le couvercle en appuyant assez fort.

COULIS DE TOMATES

Ingrédients
1,5 kg de tomates mûres (j'utilise des Roma)
1 oignon
1 gousse d'ail
1 pincée de thym ou d'origan (frais si possible)
1 petite branche de romarin
3 dattes
1 pincée de quatre-épices
1 bonne cuillerée à soupe d'huile d'olive
Sel, poivre

1. Mondez les tomates en les plongeant quelques secondes dans de l'eau bouillante puis glacée. Épluchez-les puis taillez-les en dés.
2. Ôtez le germe. Faites-les revenir dans l'huile d'olive à feu modéré pendant 3 minutes.
3. Ajoutez les morceaux de tomates, les herbes, les épices, les dattes dénoyautées, du sel et du poivre.
Faites cuire doucement pendant une trentaine de minutes.
4. Mixez et remplissez les bocaux, fermez-mes puis retournez-les jusqu'à ce qu'ils aient totalement refroidi.

SAUCE PIQUANTE STYLE TABASCO®

Ingrédients pour 4 bocaux de 250 ml
500 g de piments jalapeños frais, rouges ou verts
500 ml de vinaigre blanc
500 ml d'eau
1 cuillerée à café de sel de l'Himalaya

1. Coupez les piments en morceaux et ôtez les graines.
2. Mettez tous les ingrédients dans une casserole et laissez cuire 45 minutes à feu modéré.
3. Passez au mixeur, laissez refroidir et versez dans un bocal stérilisé. Retournez le bocal 30 minutes.

PICKLES DE LÉGUMES EN SAUMURE (EN CONSERVES)

Ingrédients
Des légumes entiers
(type cornichons, petits oignons, mini-épis de maïs, carottes, haricots verts, olives…)
Du sel fin
De l'eau

La recette
Nettoyez vos légumes soigneusement.
Préparez une saumure en mélangeant 30 g de sel pour 1 litre d'eau.
Remplissez vos bocaux de légumes puis versez la saumure jusqu'en haut (les légumes doivent être totalement recouverts).
Fermez les pots hermétiques.
Laissez fermenter pendant 5 jours à température ambiante (idéalement 20 à 22 °C), puis pendant 2 semaines à température plus fraîche (10 à 12 °C), idéalement une cave.

CONFITURE D'ABRICOTS AUX AMANDONS

Ingrédients pour 1 bocal de confiture
1 kg d'abricots
(poids après les avoir dénoyautés)
Les noyaux d'abricots
(rien ne se perd !)
650 g de sucre blond
de canne bio

La recette
Versez le sucre et les abricots dans une cocotte et laissez macérer une nuit.
Le lendemain, portez à ébullition le mélange pendant 10 minutes puis baissez le feu.
À l'aide d'un casse-noix, cassez les noyaux d'abricots puis récupérez les amandons.
Laissez cuire à feu doux pendant 20 minutes et ajoutez une vingtaine d'amandons à votre confiture 10 minutes avant la fin de la cuisson.
Mettez en pots immédiatement, retournez les pots quelques instants et laissez refroidir.

BIEN TRIER ET RECYCLER

La majeure partie de nos déchets sont des emballages. Le mieux est donc ne pas en produire (quand c'est possible), ou en tout cas de faire en sorte d'en produire le moins possible. Avant de trier, réutilisez !

QUOI ?

LE VERRE :
Bouteilles, pots, bocaux, conserves en verre...

OÙ ?

Dans le conteneur à verre (vert)
La plupart du temps vous en trouverez facilement sur les grands parkings dans toutes les communes, sinon renseignez-vous auprès de votre mairie.

QUOI ?

LES EMBALLAGES EN ALUMINIUM :
Canettes, boîtes de conserve, aérosols...
670 canettes permettent de fabriquer un vélo !
L'aluminium se recycle à 100 %, quasiment à l'infini, sans perdre de sa qualité. Le recycler permet d'économiser 95 % de l'énergie qui serait nécessaire pour le produire (extraction du minerai, fabrication, transport...).

OÙ ?

Dans le conteneur des emballages plastiques et métalliques recyclables (jaune et bleu).

ATTENTION !

Le papier d'aluminium, lui, très fin, ne contient pas assez de matière pour être valorisé. Tant qu'il n'est pas sale, il peut être réutilisé pour emballer de nouveaux aliments. Ensuite, il finit avec les ordures ménagères.

QUOI ?

LES EMBALLAGES PAPIERS/CARTONS :
Briques, boîtes de céréales, boîtes de gâteaux, journaux, revues, publicité...
Papiers et cartons récupérés représentent aujourd'hui près de 60 % de la matière première utilisée. Le carton sert à la fabrication de papier essuie-tout, de papier d'essuyage industriel, d'emballage et de papier pour écrire. Les cartons peuvent se recycler une dizaine de fois avant la fragilisation des fibres. Chaque tonne d'emballage en carton recyclé fait économiser 2,5 tonnes de bois. 6 briques de lait permettent de fabriquer un rouleau de papier toilette !

OÙ ?

Dans le conteneur des emballages plastiques et métalliques recyclables (jaune et bleu).

QUOI ?

LES EMBALLAGES PLASTIQUES :
Bouteilles d'eau, flacons de gel douche, bouteilles d'huile. Boire l'eau du robinet plutôt que celle en bouteille entraîne moins d'impacts négatifs sur l'environnement (production, transport et déchets) : cela permettrait d'économiser plus de 200 000 tonnes de plastique par an. (Source *Ademe*)

OÙ ?

Dans le conteneur des emballages plastiques et métalliques recyclables (jaune et bleu).

QUE FAIRE AVEC ?

Les bocaux en verre, les conserves en verre...

Les bocaux en verre peuvent être récupérés et servir pour stocker des aliments mais aussi de petits objets (des élastiques, des trombones, des punaises, des vis...), ils peuvent servir comme pots de fleurs ou pots à crayons...

Les bouteilles en verre...

Les bouteilles en verre peuvent servir de carafes ou de bougeoirs. Si vous trouvez un bouchon adéquat (en liège par exemple ou en verre), vous pourrez également vous en servir dans un magasin en vrac et les remplir de vinaigre ou de savon liquide...

Des briques de lait...

Briques de lait et cartons serviront au jardin pour préparer vos semis par exemple.

SAY NO TO LES MINI-DOSES ET ÉCHANTILLONS

Il peut parfois s'avérer judicieux de tester un produit au format mini ou un échantillon avant d'en acheter un flacon de taille normale. Mais attention, par la suite, au contraire, privilégiez les grands conditionnements et les éco-recharges.

MON CAFÉ ZÉRO DÉCHET

Fini les machines à café à dosettes et à capsules ! Pour des raisons évidentes, les cafetières de ce type sont loin d'être la meilleure option écolo pour boire son café, même si sur internet on trouve de multiples solutions pour recycler les capsules en chandelier ou en guirlande lumineuse... L'option zéro déchet (de luxe), c'est le percolateur qui permet de moudre les grains de café (achetés en vrac si possible) directement et d'obtenir un café serré zéro déchet en quelques secondes (comptez 250 € au minimum). L'option plus accessible, c'est tout simplement la cafetière à piston, la « French press » ! On dépose quelques cuillerées de café moulu au fond de la cafetière et on presse son café à l'aide d'un piston, sans filtre à café en papier... (comptez entre 10 et 30 €. Voir p. 101 des idées pour récupérer le marc de café).

RÉCUPÉREZ LE COMPOST AU JARDIN (OU SUR VOTRE BALCON) (voir page 188)

Le compostage est une façon de recycler ses déchets alimentaires naturellement.
Avec le temps, les déchets se décomposent et rendent leurs nutriments au sol.
En quelques mois (parfois même quelques jours), la matière est revalorisée.
Le compostage permet de réduire ses déchets quasiment de moitié. Compostez tout ce qui peut se décomposer !
Le compostage permet d'obtenir rapidement et à moindres frais un compost très utile au printemps pour nourrir les plantes et le potager.

TRI ET DÉCHETS D'UNE CUISINE ÉCO-RESPONSABLE

LA CUISINE EST LA SOURCE PRINCIPALE DE DÉCHETS DANS UNE MAISON. COMMENT LES LIMITER ? COMMENT TRIER ET OPTIMISER SES DÉCHETS ? QUE DEVIENNENT-ILS APRÈS LEUR PASSAGE DANS VOTRE POUBELLE ?

4 BONNES RAISONS DE TRIER SES DÉCHETS

1 POUR PROTÉGER LA NATURE : abandonner des déchets en pleine nature, c'est polluer notre terre. La majorité des déchets mettent des années à se dégrader et à disparaître. Certains contiennent des substances toxiques qui vont s'infiltrer dans le sol et les nappes d'eau souterraines et donc les contaminer.

2 POUR PRÉSERVER NOS RESSOURCES NATURELLES : Trier nos déchets pour qu'ils soient réemployés ou transformés en matières premières secondaires, c'est économiser les ressources naturelles. Par exemple : l'émission de gaz carbonique due au transport des matières premières (qui viennent parfois de très loin) et aux activités industrielles participe à l'augmentation de l'effet de serre et donc au réchauffement de la planète.

3 POUR ÉCONOMISER DE L'ÉNERGIE : L'extraction et la transformation des matières premières consomment plus d'énergie que leur recyclage. Par exemple, refondre des canettes d'aluminium permet d'économiser 95% d'énergie par rapport à l'extraction de ce même metal.
1 tonne de canettes recyclées = 2,44 tonnes de bauxite économisé.

4 POUR SOUTENIR L'EMPLOI : trier ses déchets pour qu'ils puissent être recyclés favorise la création d'emplois de proximité en France.

LE B.A.-BA DE LA COLLECTE DES DÉCHETS

La collecte des déchets consiste à séparer et à trier chaque objet et à l'acheminer vers un centre de traitement approprié. Vous pouvez donc vous renseigner auprès de votre mairie pour en savoir plus sur les systèmes mis en place.

Le système classique de collecte des déchets :
les communes mettent a disposition 2 bacs de collecte de déchets destinés aux particuliers :

- 1 poubelle marron (ou grise) dédiée aux ordures ménagères (c'est à dire tous les déchets qui ne se recyclent pas)
- 1 poubelle jaune dédiée aux recyclables

Certaines communes proposent en plus :

- 1 poubelle pour « bio-déchet » dédiée aux déchets alimentaires (déchets qui peuvent être compostés) si votre commune n'en propose pas, pourquoi ne pas opter pour un compost (voir p. 188) ?
- 1 poubelle dédié au verre. S'il n'y a pas de collecte à domicile vous trouverez des containers généralement situés sur les grands axes routiers, des parkings des supermarchés ou des écoles.

LES DIFFÉRENTES ÉTAPES DE GESTION DES DÉCHETS

La gestion des déchets regroupe l'ensemble du processus de traitement d'un déchet. Elle répond à la stratégie dite des 3 R : Réduire - Réutiliser - Recycler. L'objectif reste de diminuer de façon significative les déchets stockés ou enfouis ou les déchets incinérés qui est très polluante pour l'environnement.

La gestion des déchets implique :
- la collecte des déchets,
- le traitement des déchets,
- la valorisation des déchets,
- le recyclage des déchets,
- l'incinération des déchets.

On compte 354 kg de déchets ménagers par an et par habitant

OÙ VONT NOS DÉCHETS ?

Un camion-benne vient récupérer les déchets puis passe sur la balance avant de décharger sa cargaison.
Les ordures ménagères sont déposées dans d'énormes fosses puis transférées vers les incinérateurs. L'incinération des déchets consiste à brûler un maximum de détritus a une température avoisinant les 900 °C. Elle permet de réduire leur masse de 70 à 90 % et de produire de l'énergie sans extraire de nouvelle matières premières. Mais, malheureusement, elle est très nocive pour la santé et pour la planète. En effet, cette méthode est très polluante pour l'environnement (rejets de dioxine, oxyde d'azote, oxyde de soufre, métaux lourds...)

LES ORDURES MÉNAGÈRES

L'incinération des déchets est la principale source de dioxines dans les pays industrialisés. Les dioxines et substances apparentées causeraient des cancers du foie, du tube digestif et du sang. Elles sont également considérées comme responsables d'affections dermatologiques, cardio-vasculaires, hépatiques et endocriniennes, ainsi que de troubles du développement des organes sexuels et de la reproduction.

Depuis 2005, la loi française établit des règles strictes pour encadrer l'incinération. Celle-ci doit obligatoirement permettent de récupérer l'énergie produite et absolument éviter les rejets dans l'atmosphère. Mais les fours n'éliminent pas tous les éléments des déchets brûlés. Après la combustion, il reste des résidus : de fumées et des résidus solides (mâchefers) qui sont réintroduits comme matière première pour les travaux publics ou simplement enfouis.

LES RECYCLABLES

Les recyclables sont quant à eux dispatchés sur des tapis roulants afin d'être triés par catégorie (bouteilles PET, carton, brick de jus et lait ...). Ils sont compactés puis transférés vers les industriels capables de les transformer.

QU'EST CE QUE ÇA DEVIENT ?

- **Le verre :** Bouteilles, pots, bocaux en verre bouteille, bocaux 1 tonne de verre permet de fabriquer 2138 nouvelles bouteilles de 75 cl

- **L'acier et l'aluminium :** Canette, boite de conserve, aérosol ... canette = vélo 700 canettes en aluminium peuvent fabriquer un cadre de vélo.

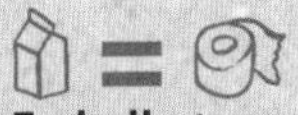

- **Emballages papier** (cartons, briques...) brique = rouleaux papier toilette 6 briques de lait peuvent fabriquer 1 rouleau de papier toilette.

- **Emballages plastique** (bouteille, flacon, gel douche...) bouteille, flacon = tee-shirt 9 bouteilles en plastiques permettent de fabriquer 1 t-shirt.

QUE DEVIENNENT LES BOUTEILLES EN PLASTIQUE ?

Une fois triées les bouteilles plastiques sont conditionnées sous forme de balles et transportées vers les usines de recyclage. Les bouteilles plastiques vont être lavées, broyées, fusionnées afin de fournir une nouvelle matière. Cette matière servira à fabriquer, en fonction de ses caractéristiques : des vêtements, flacons, tuyaux, etc.

LE GUIDE DU TRI 2.0

L'application le guide du tri permet en un coup d'œil de savoir dans quel bac vous devez placer un élément en fonction de votre commune. Il vous permet aussi de géolocaliser les différents points de collecte mis à disposition non loin de chez vous : containers pour le verre ou pour les textiles, bac pour récupérer pile, cartouche, textile... l' idéal si vous avez un doute sur le bac ou déposer votre déchet.

PLAN D'ACTION POUR LIMITER LES DÉCHETS DANS MA CUISINE

Aujourd'hui, chacun d'entre nous produit plus de 400 kg de déchets par an ! Le meilleur déchet est celui qu'on ne produit pas !

J'utilise des sacs réutilisables ou des cabas
Ultra-polluants, ils mettent 200 ans à se dégrader lorsqu'ils sont en plastique. C'est une véritable calamité pour la faune marine qui les ingère.

Je choisis mes emballages
Privilégiez les emballages recyclables et écologiques, comme le verre (bocaux) et les boîtes en aluminium (conserves, boîtes de café...) qui sont recyclables à vie. Préférez le carton (recyclable) au plastique qui ne l'est pas. Évitez les suremballages (carton + plastique à l'intérieur). Pour les laitages, compotes, etc., préférez les gros contenants aux individuels. La fabrication des emballages et la transformation des aliments représentent elles seules 9% des émissions des gaz à effets de serre du secteur agricole et alimentaire. (Source Agri Réseau)

J'achète en vrac et à la coupe
Viande, poisson, fruits de mer, céréales, légumes, fruits, légumineuses sont disponibles en vrac, au détail ou à la coupe. Cela permet de prendre juste la quantité dont on a besoin, de faire donc quelques économies tout en réduisant ses déchets. Munissez-vous de vos propres contenants : boites, bocaux, sac à vrac, etc.

J'évite le gaspillage alimentaire
En achetant intelligemment, en conservant bien vos aliments, vous pouvez éviter de jeter des aliments faire des économies et limiter la pollution. Faites une liste de courses avant de partir au magasin (en vérifiant votre stock), faites attention aux dates de péremption, respectez les modes de conservations indiqués sur les produits, cuisinez des quantités adaptées au nombre de convives à table, accommodez les restes.

Je fais mon compost
Épluchures de légumes, trognons de fruits, restes de repas peuvent être compostés. En appartement, on peut même utiliser un petit composteur d'intérieur (voir page 188) . En faisant du compost, vous pouvez réduire vos déchets d'au moins 60 kg par an !

LE « FOODSHARING » : L'INITIATIVE ANTI-GASPI MADE IN BERLIN

L'association allemande *Lebensmittelretten* a eu l'idée de mettre en place plusieurs dizaines de réfrigérateurs participatifs dans tous Berlin. L'idée implique grandes surfaces, restaurateurs et même particuliers qui y déposent au quotidien invendus ou reste de nourriture encore consommable. Ce projet permet de lutter contre le gaspillage et contre la faim car les plus démunis y ont accès.

FREEGAN PONY, LA CANTINE PARTICIPATIVE MADE IN PARIS

À Paris, la première cantine participative « freegan » a ouvert ses portes L'essentiel de son activité se concentre sur la préparation de repas à prix libre, confectionnés sur la base d'aliments invendus récupérés au marché de Rungis.

LE COMPOST

Le compostage, c'est une façon de recycler ses déchets alimentaires naturellement. Avec le temps, les déchets se décomposent et rendent leurs nutriments au sol. En quelques mois (parfois même quelques jours), la matière est revalorisée.
• Le compostage permet de réduire ses déchets quasiment de moitié. Je composte tout ce qui peut se décomposer (voir ci-dessous).
• Il permet d'obtenir rapidement et à moindres frais un compost très utile au printemps pour nourrir les plantes.
• Le bac ne coûte quasiment rien à l'achat si vous êtes un peu manuel. Il prend peu de place et, contrairement à ce qu'on pourrait penser, le compost ne sent pas mauvais.

Matières compostables
- Épluchures de fruits et légumes
- Feuilles de thé
- Marc de café
- Boîtes d'œufs et coquilles d'œufs
- Tontes d'herbe fraîches
- Plantes d'appartement
- Autres produits étiquetés compostables

(filtres à café, coton...)

Matières non compostables
- Tissus synthétiques
- Plastiques
- Métaux
- Verre
- Couches de bébé
- Litière de chat

Votre compost ne sentira pas mauvais si vous n'y mettez QUE des matières organiques et compostables. N'hésitez pas à installer un mini-bac à compost sur votre balcon, par exemple.

Bac à compost récup'

4 palettes (certains magasins s'en débarrassent gratuitement, sinon vous en trouverez pour quelques pièces sur Le Bon Coin)
8 petites équerres en métal
16 vis à bois

Fixez les palettes en bois avec les équerres (une en haut et une en bas à chaque angle), de façon à obtenir un cube. Placez votre bac à compost à l'endroit qui vous convient. Attention, vous ne pourrez plus changer de place une fois commencé). C'est fini !
Il ne reste qu'à y jeter vos matières organiques. Retournez le compost de temps en temps à l'aide d'une pelle ou d'une fourche afin qu'il ne pourrisse pas ou ne se dessèche pas.

Le saviez-vous ?

Faire du compostage à l'intérieur, c'est possible !

Il existe des composteurs de cuisine permettant de recycler les déchets organiques sans odeurs, et d'obtenir grâce aux micro-organismes contenus dans les activateurs de compostage un engrais liquide bio et un compost très riche en quelques semaines seulement. Pratiques et écologiques, ils permettront de réduire et de recycler vos déchets organiques. Il existe aussi une version avec des vers (lombricomposteur) qui grignotent vos déchets !

INDEX PAR THÈMES

Achat collaboratif 37
Aluminium 13
AMAP 45
Anti-mites 30
Antioxydant 47
AOC 54
AOP 54
Baume d'entretien du bois 28
Benzène 31
Beurre
Bio 38, 39, 43, 44, 47
Bio cohérence 55
Bleu, blanc, cœur 61
Bocaux 172, 184
Bouteille en plastique 17, 187
Bouteille en verre 185
Café 185
Cantine participative 187
Céréale 64, 66, 70
Chips 72
Circuit court 37, 38, 98
Classe écologique 14
Commerce de proximité 45
Compost 185, 188
Congélation 177
Conservation 171, 172, 174, 175
Conserve 178, 182, 184
Coquille d'œuf 30
Course 34
Cueillette 50, 51, 92
Cuivre 13
Déchet 36, 117, 186, 187, 188
Demeter 55
Deshydratation 176
Désinfectant 31
Direct producteur 39, 44,
DLC 99
DLUO 99
Dose 105
Durable 43, 55, 57
Eau 16, 17
Électroménager 14, 15
Emballage 35, 36, 37, 174, 184, 187
Empreinte alimentaire 37, 40, 41, 42
Empreinte carbone 37, 40, 41, 42
Ether de glycol 31
Échantillon 185
Énergie 14, 186
Équitable 55
Farine 67
Fécule 67
Foodsharing 187
Fruit 48, 64
Fruit sec 67
Gaspillage 98
Gaz à effet de serre 40
Gluten 65
Greenwashing 61
Herbe aromatique 175, 177
IGP 54
Infusion 92
Javel 31
Jus 86
Label AB 55
Label rouge 54, 61
Label 19, 54, 55
Lave-vaisselle 16, 17, 24
Légume 49, 64, 99
Légumineuse 64, 66
Lingette 31
Livraison 35
Local 36, 38, 43, 47
Locavore 36
Matière à risques 13
Ménage 18, 20, 21, 22, 23, 24, 25, 26, 27, 28, 29, 30, 31
Miel 63
Mini-dose 185
Nature et progrès 55
Nettoyant naturel multi-usage 26
Nettoyant de sol 31
Œuf 60, 61
Oléagineux 64, 67
Ordure ménagère 187
Parfum de synthèse 31
Pêche 57, 58, 59
Péremption (date) 98
Pesticide 47, 65
Phosphate 31
Pierre d'argile 28
Poisson 42, 57, 58, 59
Produit vaisselle 24
Produit d'entretien 18, 19, 20, 21, 22, 23, 31
Produit décapants 31
Produit industriels 65
Produit industriel 98
Produit laitier 42, 65
Produit ménager 18, 19, 20, 21, 22, 23, 31
Raffinage 62, 65
Rangement 10, 174
Recharge 45
Réchauffement climatique 40
Recycler 171, 184, 187
Réfrigérateur 174
Rotation 174
Sac en plastique 36
Saison 36, 46, 48, 49
Séchage 176
Solvant 31
Sucre 63, 67
Surplus 100
Téflon 13
Tisane 92
Tri 10, 171, 184, 186
Ustensile 12, 13
Veille (appareils en) 15
Vélo 35
Viande 41, 42, 56
Vrac 35, 37, 45, 98, 172, 187
Zéro déchet 173

INDEX PAR PRODUITS

Abricot 140, 183
Agneau 138
Amande 70, 169
Ananas 90
Asperge 124
Aubergine 74, 134, 138, 139
Avocat 80, 91, 101 ? 120, 125, 150
Bacon 156
Banane 100, 101, 103, 106, 109, 133, 168
Basilic 136
Betterave 72, 74, 82
Bœuf 123, 152, 165
Boisson à la noisette 91, 105
Bouillon 100
Boulgour 135
Butternut 157
Cacao (fève) 93
Cannelle 161
Carotte 90, 100, 106, 120, 121,125, 135, 147, 152, 169
Cassis 101
Champignon 151
Chèvre 121, 134, 148, 163
Chocolat 84, 105, 116, 118, 126,132, 133, 140, 147, 154, 161, 168, 169
Chorizo 134, 165
Chou kale 162
Chou rouge 149, 150
Ciboulette 121,128
Citron 100, 116, 126,129
Concombre 121
Coquillette 124
Cornichon 183
Cosse 102
Courge 165
Courge spaghetti 167
Courgette 108, 136, 138, 139
Datte 118, 140
Dorade 143
Échalote 178
Emmental 156
Endive 120
Épinard 91, 125, 166
Fane 102
Farine d'épeautre 105, 106, 116, 129, 132
Farine de noix de coco 105
Farine de petit épeautre 160
Farine de sarrasin 119, 163
Feta 128, 164
Fève 74
Figue 129, 146, 148, 180
Flocon d'avoine 70, 80
Fraise 90, 101, 109, 132, 140
Framboise 101, 133
Gingembre 93
Gorgonzola 148
Graine (de fruits et légumes) 101
Graine de courge 76
Graine de lin 76
Graine de tournesol 70
Grenade 82
Hareng 153
Haricot azuki 136
Haricot coco blanc 139
Haricot rouge 136, 139, 149
Haricot vert 139, 183
Hibiscus (fleur) 93
Jambon cru 148
Kale 91
Lait d'amande 125
Lait de coco 132
Lardon 136
Légume (épluchure) 101, 104
Légume 103, 106
Légumineuse 104
Lentille 122, 148
Lentille corail 166
Maigre 166
Mandarine 169
Mangue 80, 181
Marc de café 101
Melon 140
Menthe 93, 126
Miel 118, 160, 163
Morue 124
Moutarde 180
Mozzarella 136
Nectarine 140
Noisette 76, 109, 157
Noix de coco 118
Noix de pécan 180
Œuf (coquille) 30, 101, 104, 168
Oignon 108, 121, 138, 183
Olive 183
Orange 100
Orge 167
Ortie 51
Pain 100, 103, 107, 135, 146
Pain pita 78
Panais 123
Parmesan 120, 152, 162
Patate douce 162
Pâte 103, 104, 107, 125, 134, 151, 166
Pêche 133, 143
Petit épeautre 128, 164
Pignon 51
Piment 180
Poire 91, 102, 110, 147, 148, 154, 161, 168
Poireau 102, 152
Pois cassé 151, 156, 165, 167
Pois chiche 121, 135, 163
Poisson (arête, tête, peau) 103
Poivron 108, 138
Pomme 90, 91, 93, 102, 109, 147, 149, 157, 161, 168, 169
Pomme de terre 72, 102, 103, 123, 124, 139, 142, 153
Porc 151
Potimarron 150, 164
Poulet 122, 128, 135, 153, 164
Quinoa 153
Radis 100, 121, 142
Rhubarbe 101
Riz 80, 104, 107, 110, 120, 149, 154,164, 165
Romarin 143
Roquette 152
Saumon 120, 166
Semoule 123
Sureau (fleurs) 51
Thé 101
Thon 138
Tomate 78, 100, 104, 108, 134, 136, 137, 138, 142, 149, 167, 178, 181, 182
Viande 103 (os et carcasse), 104
Zaatar 78

TABLEAU D'ÉQUIVALENCE

MESURES LIQUIDES

SYSTÈME MÉTRIQUE	SYSTÈME AMÉRICAIN	AUTRE NOM
5 ml	1 cuillère à thé (cuillère à café française)	
15 ml	1 cuillère à table (cuillère à soupe française)	
35 ml	1/8 cup (tasse française)	1 oz (ou once)
65 ml	1/4 cup ou 1/4 grand verre	2 oz
125 ml	1/2 cup ou 1/2 grand verre	4 oz
250 ml	1 cup ou 1 grand verre	8 oz
500 ml	2 cups ou 1 pinte	
1 litre	4 cups ou 2 pintes	

MESURES SOLIDES

SYSTÈME MÉTRIQUE	SYSTÈME AMÉRICAIN	AUTRE NOM
30 g	1/8 oz	
55 g	1/8 lbs	2 oz
115 g	1/4 lbs	4 oz
170 g	3/8 lbs	6 oz
225 g	1/2 lbs	8 oz
454 g	1 livre	16 oz

CHALEUR DU FOUR

CHALEUR	° CELSIUS	THERMOSTAT	° FAHRENHEIT
Très doux	70 °C	Th. 2-3	150 °F
Doux	100 °C	Th. 3-4	200 °F
	120 °C	Th. 4	250 °F
Moyen	150 °C	Th. 5	300 °F
	180 °C	Th. 6	350 °F
Chaud	200 °C	Th. 6-7	400 °F
	230 °C	Th. 7-8	450 °F
Très chaud	260 °C	Th. 8-9	500 °F

Direction : Guillaume Pô
Direction éditoriale : Tatiana Delesalle
Édition : Aurélie Cazenave
Création graphique et illustrations : Cyril Terrier
Direction artistique : Julie Pauwels
Adaptation graphique et mise en pages : Natacha Marmouget

Les photographies p. 22-23, 25, 27, 29, 66-67, 71, 73, 75, 77, 79, 81, 83, 85, 87, 88-89, 94-95 sont extraites de Super Green de Émilie Hebert
Photographies : Nathalie Carnet - Stylisme : Audrey Cosson

Les photographies p. 111, 127, 141, 155 sont extraites de *Pâtisseries vegan* de Bérengère Abraham
Photographies : Nathalie Carnet - Stylisme : Bérengère Abraham

La photographie p. 117 est extraites de *Pâtisserie sans gluten* de Coralie Ferreira
Photographies : Aimery Chemin - Stylisme : Coralie Ferreira

Direction de fabrication : Thierry Dubus
Suivi de fabrication : Axelle Hosten

1re édition - N° d'édition : M19088-02
ISBN : 9782317018947
Code MDS : 63875
Achevé d'imprimer en mars 2019
par Dimograf en Pologne.

www.mangoeditions.com
Dépôt légal : octobre 2018
www.mangoeditions.com

MIXTE
Papier issu de sources responsables
FSC® C018236

Cet ouvrage est imprimé sur papier certifié FSC® Forest Stewardship Council® (Conseil de Soutien de la Forêt), produit à base de fibres de bois issues d'une gestion forestière écologiquement appropriée, socialement bénéfique et économiquement viable.

Cet ouvrage est imprimé grâce à des encres végétales, garantissant la démarche de développement durable de l'éditeur et de l'imprimeur.